# 上司と部下の教科書

TRUST AND RESPECT:
THE PLATFORM FOR
SUCCESSFUL COMPANIES

新 将命
ATARASHI MASAMI

致知出版社

# はじめに

グローバル化、多様化、IT化の巨大な波が押し寄せている。大変、激変、急変が加速度的に強まり早まっている。

変化の中では企業も人も否応なしに3つに分かれる。①変化についていけず没落する、②変化についていき辛うじて生き残る、③変化を先取りして勝ち残る、の3種類である。物事が大きく変わることを〝大変〟という。企業も人も大変化しないと大変なことになる。いまは「大変」の時代である。

だが、大変と言ったところで、すべてがガラリと変わるわけではない。不易流行の世界では、不易（変わらないもの）が厳然としてある。

代表格のひとつは、間違いなく人間関係の重要性であろう。人類は集団で生活するようになって以来、現代に至るも、なお人間関係で悩み続けている。

2500年前の仏教が、その教えの中で怨憎会苦《おんぞうえく》、すなわち嫌な人と会わなければならない苦しみを、四苦八苦のひとつに据えているのがその証左だ。つまり人間関係の問題は、少なくとも2500年以上は未解決の問題ということになる。そしてこれからも永遠の課題であり続けるだろう。

ビジネス成功の最大要因は人間関係である。会社組織とは濃密な、ときにはドロドロとした人間関係のマグマである。この事実は、時代が平成から令和になろうとも変わらない不易の世界である。上司と部下も、組織の中の人間関係の要である。

組織を動かす起動力の根源は人間関係である。その中で特筆すべき肝となるのが、上司と部下の人間関係である。

役割分担（Division of Labor）という側面から見れば、上司と部下の関係というのは機能限定、期間限定の約束事だ。

役割だけであれば、上司と部下の関係も所詮、浮世の仮の姿にすぎない。しかし、役割分担だけではスッキリ割り切れるかというと、そうはいかない。人間には「感情」があるからだ。単なるジョブスペック（職務記述書）では組織は機能しない。ジョブスペックに感情を込めた濃密な人間関係が加わると、とたんに円周率のように延々と複雑な数字が続くことになる。

現実には、サラリーマンの幸せの80％は、上司次第で決まる、という時代を超越した真理はいまでも幅をきかせたままだ。だから、多くの部下が上司との関係に悩み、多くの上司はどうすれば部下に期待通り動いてもらえるかで日夜頭を痛めている。

そもそも上司とウマが合わなければ、職場を好きになれないし、仕事も面白くない。

これが部下の悩みだ。一方、部下に言うことを聞いてもらえなければ、任されている部や課の業績が上がらない。これは上司の悩みである。「共勝ち」にあらずして「共悩み」だ。この悩みは永遠に尽きない。

それどころか大変の波を目前にして、さらに増幅する可能性のほうがはるかに高い。しかし、ちょっと立ち止まって考えてみよう。そもそも上司は、部下のくびきではないし、部下は上司の道具ではない。もしも、そう見えるとすれば何かが狂っているのだ。狂いの最大原因は、昭和から平成を経ても、そして令和に至っても、なお変わらない古き因習・慣習にとらわれた日本的企業風土における上司観、部下観である。

会社とはこういうもの、上司とはこういうもの、だから部下もそれに合わせていれば、大過なく定年までサラリーマン人生を送れる、という後ろ向きの価値観だ。

本当に定年まで大過なく過ごせるなら、これもひとつの処世術といえる。だが……、である。大過なき人には大功もないのだ。昭和、平成を経てビジネスの現場は、とても十分とは言えないが、かなり変わった感がある。今日の現場は本格的に変わらなければ「大変の波」に飲み込まれてしまう。

過去の幻想や予定調和、言葉を換えれば、上司と部下の馴れ合いでは、波は乗り切れなくなったのだ。現在の上司と部下に必要なのは、過去の幻想ではなく、上司と部下の関係のあるべき原点や本質に立ち戻ることである。

換言すれば原点回帰とは、ビジネスの原理原則を再確認することだ。

企業とビジネスの現場は、馴れ合い主義と古き幻想を排して、本来の形に収斂《しゅうれん》するべきときが来たのである。

昭和の時代に築き上げた日本的組織の価値観は、平成の30年間で平衡感と現実感を失い、もはや取り繕うことも不可能となった。こうした現実と過去の価値観の乖離《かいり》は、このまま手をこまねいているとさらに拡大することが明らかである。

令和という時代は、仕事とは言われたことをやるもの、上司とは部下に命令をする人、部下は上司に従う人という自己欺瞞《ぎまん》（ごまかし）はまったく通用しなくなる。

ごまかしが利かないということは、人間の本性が明らかになることを意味する。

ビジネス本来、組織本来、チーム本来、人間関係本来の原点に戻らなければならない。上司と部下も原点に戻る必要がある。上司と部下、本来の姿を追求することは、人間関係の悩みや苦しみから少しでも遠ざかり、究極的には仕事の生産性を上げることである。

人手不足に悩む企業が多い。せっかく採用しても部下に辞められては、会社にとっても、上司にとっても痛手だ。元も子もない。しかし、部下が辞めるという現象を、外形的な雇用条件の問題とのみ捉えることには重大な見落としがある。

上司が明るく、楽しげに、生き生きと仕事をしていなくて、どうして部下がイキイキと仕事ができるだろうか。働く人がイキイキとしていない職場に、魅力を感じる新入社員はいないはずだ。魅力的な会社とは、必ずしも給料や就業時間という雇用条件だけで決まるのではない。

採用も同様である。採用担当者が、社員が、経営者が会社を愛し、仕事を楽しんでいなければ、人を惹きつけることはできない。

私の経験から言うと、新入社員が会社を選ぶ最大の理由のひとつは「面接をしてくれた社長が素晴らしい。社員がイキイキしている」という点である。

そこで早々と結論。現代の経営こそ、人間力が問われる時代になると私は確信している。人間関係の中でダントツに重要なのは、上司と部下の関係である。この基盤（プラットフォーム）が脆弱《ぜいじゃく》では組織はガタガタと崩れる。

人間関係のベースには人間力がある。今日のビジネスは、本物の人間力こそが勝敗の分かれ目となる。

声を大にして繰り返す。上司は部下のくびきではないし、部下は上司の道具ではない。

上司と部下は、仕事を通じて企業の成功と、一人ひとりの幸せと自己実現を追求する最も重要な内部ステークホルダー（利害関係者）であるし、共勝ち実現のための同志である。

# 上司と部下の教科書

## 目次

はじめに …… 1

# 第1章

## ビジネス人生道――上司という人生の宝、部下という人生の糧

私のビジネス人生を支えた尊敬する上司 …… 20
スピーク・アウト（発言）しなければアウト（退場）だよ …… 21
上司の言葉を聞いた瞬間、人生の真理に触れたと思った …… 23
自分の心にスイッチを入れる言葉を見つけよう …… 24
上司と部下というのは浮世の仮の定め事 …… 26
上司と部下の一丁目一番地 …… 27
上司はある程度部下を選べても部下は絶対に上司を選べない …… 29
悪い教えも生かせばよい知恵となる …… 31
上司と部下は大変の時代を行く同じボートの乗組員 …… 32
船長は唇から血が出るほど我慢する …… 34
人を見抜く10の視点 …… 36

# 第2章

## 上司道——上司は部下を磨き、部下によって磨かれる


上司は人間力を鍛えよ　——哲学なき者は大事を成せず——……40
人生の重大事は哲学を持って決めるべきだ……41
権力と権威の違い……43
部下はヒューマンパワーについて来る……44
権威なき権力は本物ではない。フェイクである……45
サラリーマンの幸せの80％以上は上司で決まる……46
昔の部下の部下になってわかったこと……48
部下は3日にして上司を見抜く……49
人間力は計り知れないが不思議に伝わる力……51
部下の幸福度が高まると会社の業績も上がる……52
3つのKが部下の幸福度を高める決め手となる……54
部下のやる気は日常の仕事の中で高めるべき……56
部下の心を高めるために上司が用意すべき4点セット……57
経営（マネジメント）とは「やりくり業」である……60
資源の傾斜配分は当たり前……61

一流上司のやりくり …… 62
上司には部下を育てる義務と責任がある …… 63
未来を見る目を持つと現在が見えてくる …… 64
部下との正しい向き合い方
——違ったタイプの部下をどう用いるか—— …… 66
仁人・智者・豎子・敗者 …… 68
年上の部下とどう付き合えばよいか …… 69
リーダーに必要なのは面子よりも目的 …… 70
女性の部下にどう接するか …… 72
性別ではなく個人ベースで評価 …… 74
外国人の部下には論理と数字をもとに接しなさい …… 76
日本風のビジネススタイルから脱却する潮どき …… 78
頑張りましたは報告ではない …… 79
人材には金銀銅がある。
上司は部下の持つ金の素材を磨き出そう …… 80
最も優秀な学生の集まった会社が斜陽に …… 82
玉磨かざれば光なし …… 83
分析している間に組織は麻痺する …… 84
伸びる部下は3ハヤ

〝話が早い、歩き方が速い、メシがはやい〟の人…… 85
結果を伴わないはやさは単なるせっかち…… 86
いつの時代も扱いづらい部下が上司を成長させる糧となる…… 87
異論を受け入れることで器が広がる…… 89
たてつく部下から仕事の哲学を得る…… 90
優れた上司とは「優れた任せ人」である…… 92
恐竜になるな…… 93
もう半歩つっこんで任せよ…… 94
任せられないのは弱さ…… 95
「ふたつの責任」最後の骨はオレが拾う…… 96
消えぬ部下への想い…… 97
できる上司は〝巻き込み作戦〟の名手である…… 99
勇気を持ってエンゲージメントせよ…… 100
上司たる者朝令暮改を恐れてはならない…… 102
そこに哲学と説明責任があるか…… 103
上司の日常は得意淡然、失意泰然が基本動作…… 105
普段の態度は不断の努力から…… 107
最大の愛は関心という形で表れる…… 108
アテンション・プリーズは部下の心の叫び…… 110

上司の叱り方5段階……111
上司の3タイプ……113
タイミングも叱る技術……114
8聴き2しゃべりのススメ……115
聴くことの御利益……116
上司の基本動作は5ほめ2叱り3感謝……118
上司の感謝の言葉が部下をプロにする……119
部下を動かせる人、
動かせない人のほんのわずかだが決定的な違い……121
部下を信じ任せること……122
原理原則の有無が決定的な違い……123
部下に伝えたつもりがなぜ伝わっていないのか……124
コミュニケーションの原則……125
コミュニケーションは発信より受信が肝心……126
九度の繰り返しはくどいが、
コミュニケーションの原則は八度の繰り返しにある……127
アメリカ人は明示知、日本人は暗黙知の文化……129
ゆとり、さとり世代とどう付き合うか……130
いまいる部下をあてにせよ……131

できる上司が陥りがちな罠……133
思わぬ反旗……135
できる上司は部下の異見、異論を奨励せよ……136
ダメな上司の8カ条……137
ちいさなことでも上司は見られている……139

# 第3章

## 部下道——上司の上司道　部下の部下道

世界で最も自分自身に満足していない日本の若者……142
仕事に対する意欲よりも不安が先行……144
時代を超えた真実！　部下には4種類ある……145
部下にも必要なリーダーシップ……147
優れた上司は優れた部下である……149
上司として部下として難題の海外拠点を設立……150
同じタイプの人の群れからは付加価値は生まれない……152
君、君足らずといえども臣、臣たるべし……153
「上司はお客さまである」が部下の基本動作……155
BS（ボス満足度）を高めよ……156

部下は上司のコンシェルジェ……157
上司との正しい向き合い方……158
積極傾聴の姿勢が基本的な態度……159
賛辞が先で直言は後……160
仕えるなら厳しい上司？　優しい上司？……162
主体的に上司と向き合おう……163
汗は自分でかきましょう。手柄は人にあげましょう。……166
部下の自分が成長することは上司への最大のプレゼント……167
直言は代替案を持って行うべし。
単なる否定は破壊者にすぎない……169
代替案の条件……170
上司とのコミュニケーションは〝過ぎたるは及ばざるに勝る〟……172
ひとつを疑われるとすべてを疑われる……173
マメにメモをとろう……175
メモは速記録ではない……176
メモの技術……177
いつの時代にあってもバッドニュースファースト！……178
君たちは隠すな……180
上司は部下の何を見ているか……181

安心して爪を出せ……182
教わっただけでは身に付かない、やってみてはじめてわかることがある……184
同じ場所を見ていても風景は違って映る……186
上司の心で仕事をすると……187
上司の視界で仕事をすれば世界が変わって見える……188
結果を出して権限の一部を委譲させる……189
社長が見ている世界を垣間見る……190

# 第4章

## 共勝ち道——上司と部下のウィンウィンが会社のウィンを呼ぶ

一将功なりて万骨枯るはご法度……194
上司は最後まで部下を見捨ててはならない……195
チームとグループの違い……197
勝負は自責で……199
他責のままでは解決策は見えない……200
職場に自責の風を吹かせよう……201
理想の上司像は優れた上司（ロールモデル）から学べ……202

何のために仕事をするかを上司から気づかされる……203
異なる文化を認めリスペクトすることが多様化時代の原則……205
自前主義から脱却しよう……206
異文化との出会いが新しいビジネスを生む……207
ラーニングオーガニゼーションをつくろう……208
AIにはできない人間の学習方法……209
考えられないこと考えよ……210
才人は経験に学び賢人は歴史に学ぶ……212
歴史に刻まれた原理原則を読み込め……213
成功体験を捨てられない成功者……214
職場の活性度を最も高める「議論の場づくり」……215
ムダ話OK、脱線OK……216
会議・ミーティングには4タイプある……217
テッセイ—上司と部下が追求すべき仕事の幸福……218
CSはESから生まれる……220
プロの仕事を誇れ……221
令和の働き方は朗働である……222
牢動をするな朗働をせよ……224
苦労を楽しめてこそ朗働……225

昇進が遅れたときの気持ちのリセット方法……226
自己点検をするチャンス……227
功を焦るよりプロセスをチェック……228
生き生きとした人生を送る上司の下に、生き生きとした部下が育つ……229
店は店長次第、チームは上司次第……230
上司はいつも笑顔が基本……231
社長は後継者を育て、上司は部下を育てるのが持続的成長企業への道……232
上司は部下を育てて100点……233
財を残すは下、事業を残すは中、人を残すは上……235
サラリーマンは要らない、ビジネスマンになれ……236
コミットメントと情熱……237
プロになれ、アマに甘んじるな……238
経験プラス実力と実績がプロへの近道……240
おわりに 241

装　幀——秦　浩司

# 第1章

## ビジネス人生道——
## 上司という人生の宝、部下という人生の糧

# 私のビジネス人生を支えた尊敬する上司

ビジネスマンにとって上司と部下の関係は、上下であり、主従であり、仲間であり、同志であり、ときには敵となることもある。そして、職場の関係を乗り越えた人生の師となることもある。本物の上司とは、部下の人生を豊かにしてくれる人だ。

半世紀を超えるビジネス人生を振り返ってみると、私は仕事力とともに人柄、人格など、人間力にも優れたピカッと光った珠玉の上司に恵まれたとつくづく思う。

優れた人は、時代を超える優れた言葉を残す。言葉の遺産である。

ビジネスの本質を気づかせ、私が進むべき道をはっきりと示してくれた上司の言葉は、私にとって人生の宝としていまでもくっきりと心に刻まれている。今日の上司と部下を考えるとき、やはりこれら珠玉の言葉が真っ先に頭に浮かぶ。

私は45歳でジョンソン・エンド・ジョンソン（J&J）日本法人の社長に就任した。日本人初の社長である。本社と日本人スタッフの期待を一身に受け意気盛んな私に、上司であるアメリカ総本社のCEOジェームズ・バーク氏はこう言った。

「組織のトップリーダーに求められるのは、平均を上回る知性（インテリジェンス）と極度に高い倫理観である」。トップは愚鈍ではいけないが、頭のよさは並以上でよろしい。

だが倫理観は平均を上回るだけではダメだ。極度に高くなければいけないという教えである。

仕事ができることや、知識や情報が豊かであることより、高い倫理観を堅持することのほうがはるかに重要なのだという。トップが極度に高い倫理観を持っていることは、社員が全力を発揮する原動力であり、企業が維持発展するブースターとなるからだ。

道に反しては人も企業も長続きしない。社長の倫理観が企業業績に決定的な影響を持つことは、日産のゴーン事件を見ても明らかだろう。バーク氏からは、社長の仕事についてもうひとつ貴重な言葉をもらったが、それは項を改めて紹介したい。

## スピーク・アウト（発言）しなければアウト（退場）だよ

大学卒業後に入ったシェル石油（現・出光昭和シェル石油）で10年勤めた後、私はコカ・コーラへ移った。32歳のときである。このときの上司はアメリカ人のマイク・マクマレン氏。入社初日に彼から言われた言葉は、そのときの情景とともにいまでもありありと思い出すことができる。「アタラシさん、入社おめでとう。入社のお祝いに、君にひとつアドバイスしよう。君はマーケティング部のリーダーとして数多くの会議に出席することになる。研修会に参加することもある。そこで必ず少なくとも2回はスピーク・アウトすることだ」

スピーク・アウトとは、率直に物を言うという意味である。内にこもったインではなく積極的なアウトである。

「会議の場で発言しなければ、君は考える能力がない人間だと思われてしまう。考える力はあったとしても、発言しなければ積極性に欠けた人物と見なされる。考える能力がない上に、積極的に会議の品質向上に貢献しようとしない社員はわが社には必要ない」

物を言わなければ、自分の考えが人に伝わらない。伝わらなければ自分を理解してもらうことができない。よって人間関係をつくることができない。

社員が率直に物を言えない組織は弱い。マクマレン氏のやや辛口の歓迎の辞は、私のその後のビジネス人生を貫く礎となり、スピーク・アウトは私の基本動作となった。

先に紹介したジョンソン・エンド・ジョンソン（J&J）総本社CEOジェームズ・バーク氏からは「ファン（FUN　楽しい）でなければよい仕事はできない」という名言ももらった。FUNであるためには職場にスピーク・アウトの習慣が必要である。

日本でも「物言わぬは腹ふくるる業《わざ》なり」（徒然草）という言葉があるように、自由な発言を積極的に奨励することは組織力を高め職場の活性度を高めるための一丁目一番地なのだ。

## 上司の言葉を聞いた瞬間、人生の真理に触れたと思った

サラリーマンとビジネスマンの違いは何か。ザックリ言うと、サラリーマンとは会社に仕事をしに行く人である。一方、ビジネスマンは会社に結果を出しに行く。大切なのは思考力でもなく実行力でもない。実現力である。結果を出せないサラリーマンには三文《さんもん》の値打ちもない。単なる穀《ごく》つぶしだ。

「幾何学ではA点からB点への最短距離は直線だが、人生やビジネスでは曲線であることのほうが多い」

人生一歩先は闇というが、ビジネスも同様だ。トラブルとは、予期していないからトラブルなのである。

一直線に行こうと思っても、行く手には道を遮る山や河があるかもしれない。

無理して山河を跋渉《ばっしょう》するよりも、う回路を通ったほうが結果として安全で早いということもある。"Make haste slowly（急がば回れ）"という英語のことわざがある。結果的に

は近道なのだ。人生で回り道はムダ道とは限らない。

別のイギリス人からも面白いことを教えられた。「世の中には利口とバカがいる。利口者とは難しいことを簡単に説明する人のことで、バカとは簡単なことを難しく説明する人である」

日本ホールマーク社の社長時代に、当時のアメリカ人の会長が言ったことも至言と思う。「自分はよくできた人間だと思った瞬間に人は過去の人となる（If you think you are good enough, you are finished.）」

自分の人生は完成したと思うときは死ぬときだ。人は生きている限り、もっとよい自分を目指してもがき続けるべきなのだ。“Positive Discontact（前向きの不満）”を死ぬまで持て、という教えである。

ホールマーク社の会長の言葉は、いまにして箴言《しんげん》とわかる。

## 自分の心にスイッチを入れる言葉を見つけよう

42歳でJ&Jに移ったときの上司は、イギリス人のフランク・ディリアンジェリ氏だっ

## ビジネスで最も重要な言葉“We”、最も重要でない言葉“I”

THE MOST IMPORTANT WORDS
（最も重要な言葉）

6 words “I admit I made a mistake. ”
（わたしが間違ったことを認めます）

5 words ” You did a great job. ”
（君はいい仕事をしたね）

4 words “What is your opinion?”
（あなたのご意見は）

3 words “If you please. ”（どうぞ）

2 words “Thank you!”（ありがとう）

1 word “We”（われわれ）

THE LEAST IMPORTANT WORD
（最も重要でない言葉）

1 word “I”（わたし）

The COCA-COLA Company
Robert Winship WOODRUFF

た。彼はよく「オールド（old）になるな。マチュア（mature）になれ」と言っていた。

年をとってもオールド（老人）ではなく、マチュア（成熟した人）になれということだが、年齢を重ねることは衰退するのではなく、円熟度を高めることでなければならない。

彼は言い換えが得意で、私が「ア・ユー・ビジー（忙しいですか）？」と訊くと、どんなに忙しくても“I am not busy.（忙しいことはない）Just productively engaged.

（生産性高く仕事に従事しているところだ）」と答えていた。

言葉で心にスイッチを入れていたのだ。

彼のこの言葉も、私の人生や仕事に活力を与えてくれた。

米国アトランタのコカ・コーラ本社へ出張したときに、現地スタッフの友人のデスクにあったプレートを見て、身体に電流が走ったようなショックを感じた。そこにはロバート・ウッドラフ（コカ・コーラを世界的企業にした名経営者）氏の次の言葉が記されていたからだ。

## 上司と部下というのは浮世の仮の定め事

よい上司は、部下にとってビジネスのお手本となり、人生の師（メンター）ともなる。ビジネスマンにとって、尊敬に値する上司に恵まれることは、幸運以外の何物でもない。その点では、私のビジネス人生は極めてラッキーだったといえる。

しかし、ラッキーだけではビジネス人生を成功させるには不十分だ。運（ラック）とは成功人生を築くための必須条件だが十分条件ではない。

前項まで人生の宝といえる私の上司体験を紹介してきたが、すこし現実を見据えた上司と部下の話もしておきたい。

余談だが、英語には上司と部下に相当する単語がない。

上司を指す英語として辞書に出てくるのは、ボス、スーペリアー、マネージャー、スーパーバイザーなどだが、"Boss"ではマフィアの親分をイメージさせるし、"Superior"とは優れ者のことなので、いずれも日本でいう上司とは微妙に異なる。

マネージャーは役割そのものであるし、スーパーバイザーも監督する役割の人ということで、こちらも上司と訳すには違和感がある。部下という英語も同様で、辞書にある"Subordinate"は奉仕する人、従属する人のことで部下というより召使、奴隷である。"Follower"は追随する人であり、"Inferior"に至っては劣った人である。部下が上司より劣っているというのは究極の差別語である。

## 上司と部下の一丁目一番地

日本語の上司と部下にしっくりくる英語がないのは、上司と部下という言葉の背景に日本特有の文化があるからだ。そして、このことが、我々に上司と部下の本質を見えづらくし、チームの安定を阻害しているのだと私は考えている。

世の中には上司になると、とたんに自分が偉い人間になったと思い込んでしまう人がいる。上司と部下とは、偉い偉くないの関係ではない。単なる立場の差である。したがって上司と部下の間には、人としての尊厳や人格にいささかの差もない。

ところが、上司だから偉いという根拠なきカン違いは意外なほど、組織の中にはびこっている。背景には、肩書だけで部下の尊敬が（形の上だけでも）勝ち得られるなら、そのほうが都合がよいとする上司サイドの姑息《こそく》さがあるように思う。

役割と階級が、一生固定されていたのは江戸時代までである。江戸時代は階級と役割を一体化することによって、社会秩序を保っていた。

だが、現代の日本に江戸時代の価値観を持ち込み、それで組織の秩序を維持しようとするのはどう考えてもナンセンス、時代遅れ（obsolete）だ。そんな時代錯誤の価値観で、上司と部下の関係を築こうとするなど、上司として部下の指導に白旗を掲げているも同然である。あえて繰り返す。上司と部下に人格的な差はまったくない。あるのは役割の違いだけである。

この役割分担という上司と部下の関係を理解しないと、組織は余計な問題を抱え込み、モーチベーションは下がり、生産性は低下する。

上司が人格的にも優れた人であろうとするなら、その一挙手一投足まで部下が尊敬するに値するものが求められる。実物以上に期待値のほうが高ければ、上司はほんのわずかな落ち度でも見逃されず、たちまち部下の尊敬を失ってしまう。

部下のグチのほとんどが、上司に対する不満であるのも、その真因は上司に過大な期待と幻想を抱いているからである。幻想が大きいゆえに幻滅のショックも大きいのだ。こうしたことからチームワークにひびが入り、組織は力を落としてしまう。

上司は部下のカン違いをよいことに、自分を実力以上に見せかけようなどとは考えず、実力で部下の尊敬と信頼を勝ち取る覚悟と勇気を持つべきである。

## 上司はある程度部下を選べても部下は絶対に上司を選べない

会社は基本的にタテの組織である。この原則はいまになっても変わらない。

上下関係の組織では、社長といえども役割にすぎないというものの、意思決定は上意下達で上から下へと流れていく。それが会社というものだ。

また、上司は部下を選ぶことができても、部下が上司を選ぶことはできない。

近年では部下が上司を選べる制度もあるが、配属は社長や人事部によって決められることが一般的である。人事権の一部は管理職にもあるので、上司には有能な部下を抱え込んで放そうとしない傾向がある。「アイツがいないとうちの部（課）は回らない」などと、とんでもないことを言った無能上司がいる。「自分は人を育てる能力がない」と告白しているようなものだ。

そもそも部下は会社の財産であって上司の私物ではない。そして、部下には部下の人生がある。したがって上司は自分の都合だけを優先して部下を抱え込むようなことは厳に慎むべきだ。私の社長時代にも、同じ部下を何年も手放そうとしなかったアホな管理者がいた。

こうした上司が、優秀で尊敬できる人物であれば、部下もハッピーといえるだろう。だが、不幸にして上司が無能で尊敬できなかった場合は、部下のビジネス人生は「ジ・エンド」だろうか。

私の体験からいうと答えは明らかにノーである。

尊敬できない上司もビジネス人生の教師たり得る。ただし反面教師という名の教師だ。反面教師とはいえ、ときに正当な教師以上の真理を教えてくれることがある。

## 悪い教えも生かせばよい知恵となる

Ｊ＆Ｊ（株）にニール・アシュウエル氏という英国人の会長がいた。

彼は一時期、日本法人の社長を務めていた私の上司だった。アシュウエル氏の信条は「経営者は無情でなければいけない」というものだった。

無情は英語で〝Ruthless〟または〝Heartless〟ともいう。ただし、無情と非情とは違う。無情も非情も、厳しい決断という現象面では同じだが、非情は心の中に愛があるのに対し、無情には文字通り愛は無い。

私は「経営者は無情ではいけないが、ときには非情であるべきだ」と考えている。

アシュウエル会長の信条にも理はある。たとえば、会社を回復させるにはリストラが避けられないという場合、経営者は人員削減を断行せざるを得ない。そのとき社員に対する愛があればあるほど、リストラの決断と実行がつらくなる。

ある大手企業の元社長に聞いた話だが、彼もリストラを断行したとき心理的な負担で極度の睡眠障害に陥ったという。その症状は社長を引退するまで続いたそうだ。

愛がなければ厳しい決断にも苦しまずに済む。

アシュウエル会長の考え方はわからないでもない。しかし、私はこの人の言葉から別の気づきを得た。「苦しむ覚悟がなければ、はじめから社長職に就くべきではない。苦しみを楽しみに変えなければならない」

社員への愛がない無情の経営者だから、苦しまずに済むというのなら、あえて苦しむ非情の経営者の道を選ぶべきだ。これがアシュウエル会長から学んだことである。

部下からも反面教師的な教えをもらったことがある。

私が社長時代に目をかけて可愛がった部下は100人以上いる。社長を辞めてからもマメに連絡をくれたのはそのうち5人だけだった。

「勢いをもって交わる者は勢い傾けば即ち絶つ」という。皮肉でも何でもなく、人とはそういうものである。損得関係なしについて来る人が、ごく少数だがいるのだ。「貧の友は真の友（A friend in need is a friend indeed.）」という。私は社長を辞めることにより本物の「心友」を発見することができたのである。

## 上司と部下は大変の時代を行く同じボートの乗組員

“We are in the same boat.（我々は同じ船に乗っている）”

会社のことを船にたとえることがある。会社はみんなで動かし、船にたとえるのは、船が沈むときにはみんなが運命を共にするからだ。運命共同体という意味で会社を船にたとえるのである。だが、それだけではない。

同じ会社で働く上司と部下は、同じ目的地に向かって航行している乗組員でもある。上司も部下も、同じ目的地を目指す同じ船の乗組員なのだ。

目的地とは、会社の目指す理念やビジョン実現の地であり、長期的なゴールである。

上司と部下は一蓮托生《いちれんたくしょう》の関係であり、同じ目的に向かって航海を続けている間柄なのだが、船の針路を決めるのは船長である。船長の示した星の下に向かうことが、船全体の使命であることは前提条件だ。

乗組員が、目的地に向かうための最適な航路を選ぶことはあっても、勝手に行き先を変更することはできない。これも会社と船に共通したことといえる。

つまり、乗組員はあらかじめ船の行き先も、あらましの航路も承知した上で乗船することが条件だ。

## 船長は唇から血が出るほど我慢する

上司と部下は、同じ理念の下に集まった同志でもある。

上司と部下は個人的な趣味嗜好《しこう》は別として、共に会社の理念に共感し、共有している同志であるべきだから、ビジネスに対しても共通した価値観を持っていることが重要である。価値観が共通しているから使命感も一致する。

それゆえ上司と部下は同じ水平線を見、同じ星の下を目指すことができるのである。これが上司と部下の不変の原則だ。

上司と部下を船の乗組員にたとえる理由は、もうひとつある。イギリス海軍には「船長は唇から血が出るほど我慢する」という格言がある。部下を一人前の船乗りに育て上げるには、部下に責任ある仕事を任せ、仕事を通じて部下を成長させる。

そのとき、部下のやることにいちいち介入せず、部下のやり方に任せることが、イギリス海軍の将校の基本動作だ。ただし放任ではない。部下から目を離さず、じっと我慢の子で口出しをすることを避けるのが将校のとるべき態度である。

そのとき何が必要か。忍耐である。「経営とは忍耐である」(Management is patience.)という言葉がある。部下の不効率、不適切な行動や逡巡に対して、黙って見ているには忍耐しかない。自分がやれば、船はもっと安全で速やかに進むのにと思えば、部下に任せ続けることはつらい。

だが、下手に口出しをすればするほど部下は自分の頭で考えることを止めてしまう。結果として、部下の成長機会を阻むことになる。そこで言いたいことがあっても我慢して唇を噛む。ついには唇から血が出る、という壮絶な話である。

ある将校は若い士官から、航海日誌には何を記録するべきかと問われたとき、「すべて記録しておけ。そうすれば後で何が要らないことかわかる」としか答えなかった。

部下へのアドバイスは最小限に留めること。これが、将校が若い士官を育てるときの基本である。肝心なことは部下に、自分の頭で考えさせることだ。少しくらいの失敗は許すことだ。これも時代を超える普遍の原則である。

若い士官はキャリアを積めば、やがて将校となる。将校になったときに、自分の判断で物事を決定できないようでは船が難破しかねない。やり方を覚えること以上に、自分の頭で考える訓練が必要なのはそのためだ。

リーダーに求められるのは、①思考力、②実行力、③実現力、④統率力、⑤忍耐力の5つの力である。

# 人を見抜く10の視点

浮沈の激しいアメリカの航空業界で、安定的に好業績を上げ続けているのがサウスウエスト航空だ。同社の採用ルール "Hire for character. Train for skills." は世界的にも有名である。「人柄は採用で、スキルは訓練で」という。この言葉は、人を見るときはスキルより人柄を重視すべきといっている。人の伸びしろは、スキルではなく本人の持つ "Character（人柄）" にあるというのだ。

私がJ&Jの社長時代に調査した新入社員の追跡調査の結果でも、入社の際の筆記試験の成績とその後の出世の関係は皆無に近かったが、入社時の面接試験の結果と出世の関係には、高い相関関係があった。

筆記試験は主に知識の有無を調べる。反面、面接試験とは人柄を見る試験である。人柄を見るとは何かというと、その人の "Character" を見抜くことだ。

過去に『最初の4分間（"The First 4 Minutes"）』というベストセラーがあった。最初の4分間の印象、すなわち第一印象には、その人のキャラクターの大半が表れるものだ。

では、人を見抜こうと思ったら、その人のどういうところに注目すべきなのか。

人柄は、日常のささいな言動や態度に表れる。それを次の10項目に照らしてみれば、概ねどういう人間かがわかるはずだ。

1. 自分のことをダメだと思っている人か
2. シブトイ人か。すぐにあきらめてしまう人か
3. 目標を持つ人か、持たない人か
4. 親友・心友・師（メンター）を持っている人か
5. 世話になった人にマメに礼状を書く人か
6. 話の中に有名人・有力者の名前を出す〝ネームドロッパー〟か
7. 学歴・家柄・財産の自慢をする人か
8. 相手によって態度を変える人か
9. 快適ゾーンにドップリと浸かっている人か、脱却しようとしている人か
10. 学ぶ人か、学ばない人か

4の親友・心友・師（メンター）を持っている人は、自分も人を信頼し尊重しているし、人からも尊重され信頼されている人物といえる。

5の、世話になった人に礼状を書くというのは、ささやかなことではあるが、こういう

ささやかなことに人柄が表れるのだ。"Excellence is a thousand details.（神は細部に宿る）"という。

自分のことをダメだと思っている人、すぐにあきらめてしまう人、目標を持たない人、そして最後の学ばない人というは、成長機会を自ら放棄しているも同然である。

こういう人は、目に光がなく声に張りがない。背筋も伸びていない。それだけではない。最悪の場合、周囲の人々の成長意欲まで奪ってしまう。

話の中に有名人・有力者の名前を出す、学歴・家柄・財産の自慢をする人は、自分の持ち味ではなく、自分を包む包装紙をアピールしているのだ。つまり自信がないのである。

相手によって態度を変える人も同様だ。快適ゾーンから出る勇気のない人は、肝心なときに当てにならない。

「目に光、顔に輝き、声に張り」、私の手作りの人を見抜く究極の名句（?）である。

こういう人を選べば、まず間違いはない。

# 第2章

## 上司道——上司は部下を磨き、部下によって磨かれる

# 上司は人間力を鍛えよ ——哲学なき者は大事を成せず——

哲学は英語で言うと"Philosophy"である。

"Philosophy"の語源は"Philos（愛情）"と"Sopia（知恵）"である。つまり、どうすればこよなく愛することができるか、という知恵が"Philosophy"なのだ。

永遠にこよなく愛するには、愛すべき理想の姿を描くことになる。それが"Vision"である。理想であり、あらまほしき姿である。

「夢なき者に理想なし、理想なき者に計画なし、計画なき者に実行なし、実行なき者に成功なし。ゆえに夢なき者に成功なし」（吉田松陰）という。

夢や理想のない人間は死人も同然である。

人は夢のある人に魅せられる。したがって夢や理想のない上司、すなわち哲学のない上司は上司としての魅力はない。魅力のない人間には人はついて行く気にはならない。

人生の夢はさまざまだが、いかなる夢であっても夢を持たないよりは遥かによい。次にその夢が、多くの人に共感されるものであればなおよい。

## 人生の重大事は哲学を持って決めるべきだ

政治家の政策に、哲学が感じられなくなって久しいように思う。

その場その場の人気取りで政策を決め、都合が悪くなるとまた臆面もなく日替り定食のようにメニューが変わる。選挙が近づくたびに政策が揺れるのを見ると、どこまで信念を持って政治に臨んでいるのかと疑問に感じられてならない。

毀誉褒貶《きよほうへん》はあっても、たしかに稀代の政治家であった田中角栄は、ときに国民に嫌われることでも、あえて実行しなければならない政策がある。それをやるのが、政権政党の政治家の務めだと若い代議士に常々言っていたと聞く。

日和見《ひよりみ》主義的な処世術や、勝ち馬に乗るだけの生き方でも平時では何も問題はない。

しかし変革となると、哲学のない者は動くことができなくなる。二者択一の局面でも、それぞれに何らかのリスクは伴うものだ。あえてリスクを取ってでも選ぶ道は、自分の哲学にかなったものでなければ、勇気を持って選べないからだ。

たとえば、公表しなければ消費者にリスクを背負わせることになるが、公表すれば会社に少なからぬダメージが及ぶような事態では、まさにトップの哲学が試される。

こういうときに哲学なき者が犯すのは、事態に対し何もせず先送りすることだ。

積極的な隠ぺいはしないが、積極的な公表もしない。こうした無策が薬害エイズ事件を生み、三菱自動車のリコール隠し事件を生んだ。

一方、会社の危機に哲学を持って臨んだケースもある。

私が日本法人の社長を務めた、ジョンソン・エンド・ジョンソンのタイレノール事件が有名だ。１９８２年、アメリカのシカゴで何者かにより、店頭にあった鎮痛剤「タイレノール」に毒物が混入された。

このときCEOが、私の上司でもあったジェームズ・バーク氏である。

彼は事件の公表に難色を示す一部の役員の意見を抑え、全国放送のテレビに出演し、製品の使用を控えるよう国民に注意を訴え、製品の全品回収と店頭で異物混入のできないようパッケージ改善を躊躇《ちゅうちょ》なく、また驚異的な速度で行った。バーク氏を動かした哲学は、会社のクレド（我が信条）にある消費者に対する責任である。

日本でも、事故の危険性のあるファンヒーターを巨額の広告費を投入し、徹底的に回収したパナソニックの好例がある。哲学とは基本的な物の考え方である。人が大事を成すための力の淵源であり、時代を超える存在だ。

## 権力と権威の違い

人を率いる人には権力と権威が必要だが、この２つはとかく混同・錯覚されがちである。

上司は、組織からポジションを与えられている。ポジションには権力が伴う。指示命令権や人事権などだ。権力とは、ポジションに応じて組織から与えられた力であるから、ポジションパワーということもできる。

ポジションパワーは、組織という大きな権力が背景だ。

一方、権威とはその人の人格、人間性といった人としての魅力や風格から生じる力である。いわばヒューマンパワー（人間力）そのものだ。

権力と権威はまったく違う。権力の源泉は組織にあり、それはタイトルや肩書という形で示される。権力は与えられたものだから、肩書という看板を付けておかないと周りにはわからない。

一方、権威の源泉は実力や実績、それに尊敬、信頼といった見えざる力である。権威とは自ら主張せずとも、周囲が自然に認めるものだから、看板も何も要らない。

つまり、目に見えなくてもわかるのが権威だ。経営者でも、政治家でも本物といわれる人は、タイトルや肩書とは無関係に、会った瞬間に格の違いが伝わってくるものだ。肩書だけの人間とは自ずから迫力が違う。風圧を感じさせる人である。

## 部下はヒューマンパワーについて来る

権威も、またひとつの力である。有名ではあっても、市井の人にすぎない孟子が諸国を歩いたとき、各地の君主や重臣が頭を下げて孟子を招いたのは孟子の持つ権威の力だ。

部下は権力のある上司の後にも、権威のある上司の後にもついて来る。

権力（ポジションパワー）に部下が従うのは、それが上下関係に基づいた命令だからだ。組織にいる以上、不承不承でも命令には従わなければならない。イヤイヤモードでついて来る。

権威（ヒューマンパワー）のある上司の後について来る部下は、たとえそれが命令されたことではなくても、この人のためなら、この人の言うことなら、と喜んでついて来る。ワクワクモードである。部下は、同じようについて来ているように見えるが、その勢いと質がまったく違う。

権威は、その人に対する信頼や尊敬で裏打ちされているのだ。

## 権威なき権力は本物ではない。フェイクである

上司たる者、権力と権威を併せ持たなければいけない。上司である以上、組織から一定の権力は与えられる。しかし、権威は自助努力で獲得するしか術《すべ》はない。権威は人から認められるものであって、こちらから要求するものではない。

権力は棚ぼたでも得られることはあるが、権威は日々の研鑽《けんさん》の積み重ね以外に勝ち得る術《すべ》がない。まず本を読むこと、そして優れた人に会うことだ。つまり学ぶことである。それも謙虚に、好奇心を失わず、偏見を持たずに学ぶことが大切である。

未熟な人は、とかく権威と権力を錯覚し混同する。だから権力だけの上司にも権威を覚える。しかし真の権威がない上司はいつか馬脚を現す。そういうときの部下の失望は大きい。部下の失望とは、上司にとっては人望を失うことだ。

失った人望を取り戻すのは人望を得るよりも3倍以上の努力と時間も要する。「築城3年落城3日」である。

部下の理想である最高の上司とは〝この人のためなら〟〝あの人の言うことなら〟〝自分

の子供も将来こういう人の下で働かせたい〟と思われる上司だ。遠いゴールだが、あきらめず歩みを進めれば近づくことは必ずできる。誰でもできる。

## サラリーマンの幸せの80％以上は上司で決まる

上司と付き合う時間は、配偶者と付き合う時間よりも長いといわれる。

この話の真偽のほどはともかくとして、上司とは（配偶者も）嫌でも長時間付き合い続けなければならないのは事実だ。嫌気が極限に達すると退職や離婚という結末を迎える。

上司との関係が良好であれば、部下はとりあえず幸せである。

サラリーマンの人生の80％以上は30代までについた上司によって決まるという。

組織の中で働くものにとって、若い頃についた上司によって、その後の人生が決まるというのは私の実体験からも納得がいく。

これもまた、平成が終わり令和になっても変わらない真実だ。

上司とは部下本人のみならず、部下の家族に対しても強い影響力を持っている存在なのである。上司たる者、自分の立場をよく肝に銘じて部下に対するべきだ。

きれいごとではなく、上司が心がけるべきことは部下の幸せである。

私が社長を務めたグリーティングカードで、世界ナンバーワンのホール・マーク社の米総本社人事部長は、常々「最大の教師は経験である」と言っていた。私も同感である。人間の質は上中下に分類される。

人と生まれて経験から学ばない人は下である。経験から学び成長する人は中。経験のみならず歴史からも学ぶ人が上である。

会社の中での経験といえば、必ずそこに直属の上司が介することになる。

部下にとって上司は学ぶべき教科書、手本なのである。見習えと言われなくても、良かれ悪しかれ部下は必ず上司の行動を見習う。

手本である以上、部下は上司を尊敬していたいと思っている。

部下がこぼす愚痴の9割を上司が占めるのは、尊敬できる人、信頼できる上司が欲しいという期待の裏返しでもあるのだ。

# 昔の部下の部下になってわかったこと

上司は、現在の部下の将来の人生を預かっているともいえる。ゆめゆめ、部下を目標達成のためだけの道具として扱い、使い捨てをしてはならない。

講演会の終了後に、ある参加者からこんな話を聞いた。

その人は定年後の再雇用で、昔の部下の下に入ることになったそうだ。若干の抵抗感はあったものの、給料は半減したが週4日間だけの出社だし、かつての部下（現在の上司）も丁寧な態度で接してくれたので、その条件を受け入れることにした。

世間にはかつての上司が自分の部下になると、過去に○○さんと呼んでいたものが、俄《にわか》にクン付けで呼ぶ「サンクン交代」の輩《やから》もいるが、彼の部下はそんなマネはしなかった。

ある日、彼は職場で、かつての部下が若い社員を叱っている光景を見た。

彼は叱られている社員もよく知っているし、叱られる原因についても、同じ職場で机を並べているので、その経緯を詳しく聞いてもいる。

そのため、かつての部下が若い社員から経過報告を受けていたこと、その経過報告をきちんと聞かず忘れており、若い社員の結果だけを見て叱っていることもよくわかった。

そのとき、いま若い社員を叱っているかつての部下のように、自分もまたかつて自分の部下だったリーダーを叱っていたことに気づき、複雑な想いを抱いたという。

子が親をまねるように、部下は上司をまねる。まねろと言われなくてもまねる。

そもそも「まねる」という言葉の語源は「まなぶ」であるという。良かれ悪しかれ部下は上司から学ぶ。

かつての部下が、いま上司となり自分のやってきたことをまねている。彼はかつての部下が、確かに自分の後をついて来たのだという感慨と、自分はもっとよい上司であるべきだったという反省のこもった想いを抱いたのだ。

## 部下は3日にして上司を見抜く

「上、3年にして下を知り、下、3日にして上を知る」という。

人事施策のひとつ、360度評価（同一評価項目に対する上司、同僚、部下、本人による評価）を行うと、部下の評価は、本人自身の自己評価はもとより、上司の評価よりもはるかに本人の真実を見ており、本人も驚くことが多いという。

人間には「自己認知バイアス」というものがある。自分の能力は、自分が思っているほど高くないという錯覚だ。一般に、人は自分の能力を自己評価すると、他人が評価するよりも30%は高く見ているという。

有り体にいえば、上司は部下に本当の実力を見透かされているのだ。

組織の中では、目線は常に上方へ向かう。唯一、下に向かっているのは、上には誰もいない社長だけである（ただし社長といえども株主という上がいる）。

最も身近な上位の存在である上司の行動は、一挙手一投足、部下から日常的につぶさに見つめられている。

多くの場合、意地悪い、厳しい目で上から、下から、横から、斜めから見られている。

もし、気づいていないとすればそれは本人が鈍感ということだ。

部下が上司の実体を把握するのには3日もあれば十分である。ほとんど動物的な感覚で見抜いている。もっと短期間で見抜かれているのかもしれない。

肩書や役職者の権力、いわゆるポジションパワーで上辺を繕ったとしても、すぐに見透かされてしまう。賞味期限は短いのである。

自分で自分のことをエライと誇示する人に、本当に偉い人はいないというのは子供でもわかることだ。

## 人間力は計り知れないが不思議に伝わる力

ポジションパワーのメッキは、3日で剥がれ落ちてしまう。だが、ヒューマンパワー（人間力）となると少し事情が違ってくる。

人は人を理解するときには、自分を基準にして相手を測る。相手の力量が、自分をはるかに超えていると、相手の凄さがわからないこともある。

私も、若い頃には理解できなかった人のことが、同じ立場になってはじめて相手の考えの奥深さや言動の適切さがわかったという経験が何度かある。

若い頃に読んだ本を、何十年か後に改めて読み直すと、若い頃には気づかなかった発見をするのと同じことだ。

世の中には、経験を積んではじめてわかるということがある。

J&Jのジェームズ・バークCEOの言った、「組織のトップにとって最も重要な資質とは極度に高い倫理観である」という言葉の深淵さは、若い人にはなかなか理解し難いと思う。一組織を背負う社長という立場になってみないと、この言葉の重さはわからない。

ヒューマンパワーの高い人のことは、こちらが未熟なうちはわからないことのほうが多いものの、それでも計り知れない魅力を感じるものだ。

私の経験から言っても、上司の部下に対する態度をポジションパワーからヒューマンパワーへ切り替えたとき、部下は納得して喜んでついて来る。

私の場合、そのときの部下の反応は「新さんは変わった」であった。

ヒューマンパワーを理解するには、相手も同じくらい成長していることが条件であるから、まだ成長していない部下にとって何が変わったのかは明確ではない。

しかし、なんとなく何かが変わったことは動物的な感覚でわかるものだ。

態度、物腰、言動、そして雰囲気。なんだかはっきりとはわからないけれども、この変化は歓迎できる。当時の部下としては、恐らくそういう思いだったに違いないはずだ。

上司たる者、部下にやすやすと見透かされるようではいけない。

そのためには、部下の成長に追い付かれることなく、上司も成長を続けることが最善の方法である。計り知れないヒューマンパワーを維持するためには、上司は持続的成長を堅持しなくてはならないのだ。

## 部下の幸福度が高まると会社の業績も上がる

上司は、部下の人生に強い影響力を持っている。

だから上司は、部下の人生の幸福に思いを致すということになるが、道徳的、慈善的なことだけでこう言うのではない。部下の幸福に心を砕く上司には、必ずよい部下がつく。「天下の善士は天下の善士を友とする」（孟子）というように、よい上司の下には必ずよい部下が集まるのだ。英語には"Birds of a feather flock together"（同じ羽の鳥は群れなす）という諺がある。「類は友を呼ぶ」という意味である。

よい部下とは仕事もよくできる部下である。仕事ができるというのは価値（Value for Money）を提供して、お客さまから評価され、感謝されているということだ。"Value for Money"とは支払ったマネー（価格）に対してお客様がバリュー（価値）を認めているということである。

お客さまが評価、感謝しているということは、CS（顧客満足）が高いということである。

CSを高めるにはES（社員満足）が高くなければいけない。

なぜなら現場でお客さまが求める品質の商品をつくっているのは社員であり、その商品を販売しているのも社員、サービスを提供しているのも社員だからである。

ESの低い、嫌々ながら仕事をしているような社員が、お客さまに付加価値の高い品質で商品やサービスの提供をすることは考えられない。

ＥＳの高さとは部下の「幸福度」でもある。

部下の幸福を考えるということは、高いＥＳの下で商品やサービスの品質を高め、ＣＳを高め、さらには会社の業績を高め、部下の家族の幸福度を上げることにつながる。つまり部下のことを真剣に考えれば考えるほど、結果としてチームの業績が高まり、ひいては会社の業績が高まるのだ。ＥＳはＣＳに優先するのである。

## ３つのＫが部下の幸福度を高める決め手となる

ＥＳを高めるための具体的な方法についても述べておこう。

会社全体の賃金・人事制度や福利厚生よりも、ずっと効果的なのが上司の部下に対する日常的な働きかけである。私は、社員のＥＳを高めるには３つのＫが必要と言っている。

３つのＫとは環境、金、心のＫだ。このうち環境と金は物理的、金銭的な要素で、多くは会社の施策・制度として行われている。心とは会社の理念や方針、そして職場のコミュニケーション、上司や仲間との人間関係である。

職場の照明を豪華なシャンデリアにしたり、床にレッドカーペットを敷いてみたり、社員食堂を高級ホテル並みにあつらえるということではない。設備や環境を整えるとは社員の健康と安全、それに可能な限りの快適さに配慮することが基本である。３Ｓ＋１Ａ（整理・清潔・整頓＋安全対策）がその原則である。

金とは報酬のことであり、これも高ければ高いほどよいように思いがちだが、必ずしもそうとは言えない。金銭的効果は概して短命だ。月給が八千円上がればとりあえず嬉しいがその嬉しさは長続きはしない。

私はこの環境と金という２つのＫを不満抑制要因と称している。社内の設備が豪華であることはけっこうなことではあるし、給料も高いに越したことはないが、こうしたことは２〜３カ月も経つと慣れてしまい、それが当たり前となって、徐々にありがたみが薄れ、やがて何も感じなくなるものだ。

それに対し３つめのＫ、心は「動機促進要因」である。動機促進要因である心への働きかけは、働きかけ方が継続的であれば効果も継続的であり、部下へ働きかけた以上の付加価値が付いて返って来ることも起こり得る。

心の満足、心の安心、心の支えは、上司だけができる日常的な部下との触れ合いから生まれる。上司こそ部下の心を高める際の主役なのである。

## 部下のやる気は日常の仕事の中で高めるべき

社員のやる気を高めるための施策については、どこの会社でも関心を持って取り組んでいるはずだ。報奨金制度もそのひとつで、取り入れている会社は多い。しかしニンジンをぶら下げて走らせるという方法は、その効果に限界がある。「限界効用逓減の法則」が当てはまるのだ。

何より報奨制度でしか、社員のやる気を高めることができないとしたら、それはむしろ組織が不健全とさえいえる。

コカ・コーラのサンフランシスコ社で、会議に参加していたとき報奨金の話になった。営業部長が、わが社でも積極的にインセンティブ（報奨金）制度を導入し、社員の意欲を高めるべきという意見を述べた。

当時の社長デール・アレグザンダー氏は、そのとき「インセンティブはペイチェック（給与明細書）の中にある」と言ってインセンティブの導入に待ったをかけた。

インセンティブは給与明細書の中にあるとは、社員のやる気は日常の仕事の中で高めるべきで、報奨金で人の気持ちを買うべきではないということだ。

社員を尊重し仕事を任せ切る、チームワークを重視し、メンバーの意見には耳を傾ける。

チームの一員であることを認め、よい仕事はほめ、チームへの貢献を称賛するという基本を守ることで、普段の仕事に自信と誇りを生み、社員の意欲を伸ばすべきというのがアレグザンダー氏の主張である。金で高めた動機（モチベーション）は金がなくなると消えてしまう。

## 部下の心を高めるために上司が用意すべき4点セット

動機づけは、報奨金より日常の仕事の場ですべきだ。金で人を釣るというのは王道ではない。邪道である。

そこで動機づけの基本について述べよう。部下を動機づける基本は4つある。

1．方向性の明示

暗中模索では部下の不安が募るばかりだ。不安に苛《さいな》まれていては、やる気も何もあったものではない。方向性の明示とは、トンネルの先の光を示すことだ。光とは目指す理想であり、ビジョンであり、使命である。これらが輝いていなければいけない。

方向性がないと部下は暗中模索となり暗闇の牛となる。文字通りお先真っ暗となる。動機が高まるハズがない。

2．ストレッチ納得目標

チャレンジングで納得できる目標には、人は積極的に立ち向かう。そのためには、目標設定のプロセスに部下を参画させることが肝要である。自分が立てた目標に対しては、人は通常の3倍の力を発揮する。自分の立てた目標はマイベビーだから、何が何でも立派に育て上げようとするものだ。そこにはコミットメントが生まれる。コミットメントとは、「死んでもやったるで！」という強い気持ちのことである。ストレッチとは少しムリをすることである。会社も人もムチャをすると潰れてしまう。ムリをしないと伸びない。“Challenging but Attainable（挑戦的ではあるが達成可能、やってやれないことはない）”が正しい伸び方の目標である。

3．権限移譲（目いっぱい任せる）

人は信頼されると、その信頼に何とか応えようとする。「人を育てるために最も効果的な方法は任せることである」（ピーター・ドラッカー）といわれるように、部下の心のレベルを上げる特効薬はとことん任せることである。「経営とは人を通じて物事を成し遂げる業《わざ》である」というピーター・ドラッカーの言葉がある。

旧日本海軍連合艦隊司令長官の山本五十六《いそろく》はこう言った。

「話し合い　耳を傾け　承認し　任せてやらねば　人は育たず」

## 4．公正な評価と処遇

プロセスと結果に対してよければ褒美を、悪ければ罰をというのが組織の大原則である。公正な評価とは結果に応じて差をつけることだ。よい意味の差別待遇である。

信賞必罰のあいまいな組織は決して強くなれない。

平等と公正とは違う。平等とは「みんな一緒、全員同じ」ということである。対するに公正とは貢献に応じて正しい差別待遇をするということである。

平等が望ましいのはチャンスだけである。チャンスとは、教育研修を受ける機会、上司から指導を受ける機会などだ。

だが、平等に与えられたチャンスを活用して能力を高め、出した結果に対する評価と処遇は公正でなければならない。「機会は平等に、処遇は公正に」という。よい人にはアメを、や人参《にんじん》というご褒美がわるい人には罪と罰が待っているというのが公正である。

信賞必罰の効いていない組織は、やがて崩壊する。昇格人事はあるが降格人事がない会社は一言でいうと「ダメ会社」である。

上司があなたに対して前述のこの4点セットで迫ってきたら、あなたはうれしいと思うはずだ。人にやってもらってうれしいことは、人にやってあげよう。

## 経営（マネジメント）とは「やりくり業」である

経営資源は有限である。経営資源とは、いわゆるヒト、モノ、カネ、それに情報、時間、技術力、それにブランドなども加わる。いかなる大企業といえども、経営資源が無限にあるという企業はない。世界中をくまなく探したとしてもないはずだ。

アラブの王様の会社であっても、経営資源が無限ということはない。経営とは、限られた経営資源を適正に配分することにより目標を達成して成果を収めることである。

大企業でも限られる経営資源なのだから、中小企業ともなれば、少ない資源を何とかやりくりして、会社を回していかなければならない。

まんべんなく、均等に配分すればよいというものではないのが経営資源だ。

経営は計画どおりに進むことのほうが珍しく、常に想定外の事態に対応しなければならない。人員計画どおり、設備投資計画どおり、予算どおりに事業が進めば、経営者ほど楽な仕事はない。経営とは有限の資源を最適活用して目標を達成する業《わざ》である。そのためにはやりくりが必要だ。わが社、わが部門はどの商品を主力に、どのお客さまとより密接な関係を築き、どの地域を重点的に開拓するか等、資源の活用に「メリハリ」をつける。

メリハリとは優先順位が明確であるということである。〝メリハリ経営いい経営、総花《そうばな》経営ダメ経営〟である。

## 資源の傾斜配分は当たり前

昭和の時代に、住友金属鉱山が経営危機に陥った。ときの社長は給与係を除くすべての社員を現業に回した。総務も人事も経理も、鉱山の現場と営業に就けたのである。

幸い会社は新しい金鉱脈の発見等により持ち直した。そのため、緊急配置は間もなく解かれたが、経営では、往々にして経営資源を傾斜配分することがある。

傾斜配分はピンチのときだけではない。業績が順調な場合でも、将来会社を支える柱となる事業には、たとえまだ売り上げは小さくても経営資源を注ぎ込む。

会社の利益に貢献している部署にしてみれば、業績で見劣りする部署に人や金を大量に持っていかれたのでは面白くなかろうが、それが戦略というものである。今日の利益を将来のための利益に投資することは、会社の持続的繁栄に欠かせない。

リーダーとしては、自分の部署のことを第一に考えたいが、会社全体の将来も視野に収めておく必要がある。

# 一流上司のやりくり

上司にもやりくりがある。人員の配置はその際たるものであろう。しかし、単なる人手として部下を配置するだけでは、やりくり上手とはいえない。

ヒト、モノ、カネ、情報、時間の中で、自ら増殖することが可能なのはカネとヒトだ。カネは金利、または利息を生むことで増えていく。ヒトは成長することでその価値が上がる。

カネの増え方は年に数%から、よくて数十%程度だ。だが、ヒトは新入社員でも5年後には何倍もの価値を生む存在になる。経営資源のうち、最も増価が可能なのはヒトである。

上司の最大の責任のひとつは、人を成長させ人材から人財に転換することである。

業務処理のためだけに部下のやりくりをするのは、二流の上司がやることであって、一流の上司は部下を成長させるために、あえて忙しいチームから人を抜いて、新しい仕事に就かせることもある。

人員の減ったチームは、残ったギリギリのメンバーで激務をこなさなければならず、新しい仕事に就いた部下も不慣れな仕事に苦労する。だが、それによってチームに力がつき、部下に新しいスキルがつくなら心を鬼にして実行するのが一流の上司である。

## 上司には部下を育てる義務と責任がある

私は課長を選ぶとき、仕事の能力が同じでも、部下を育てられそうな人を部下持ちのラインの課長に据え、部下を育てられない人は部下のいないスタッフの課長とした。肩書こそ同じ課長だが、役割と責任には大きな差がある。

上司には部下を育てる義務と責任がある。

しかし、その意識が薄い上司が多い。使えない部下ばかりだから成績が上がらないと、平気でぼやく上司が少なからずいることがその証拠である。

使えない部下ばかりというのは、自分は部下を育てる能力がないと上司自身が自己申告しているようなものだ。部下育成責任の自覚があれば口が裂けても言えない台詞《せりふ》だ。人は育つものではない。育てるものである。

部下とは将来の会社を支える未来の人財である。未来の人財をきちんと育てていなければ会社の未来もない。"Going Concern（継続する組織）"という言葉がある。企業は継続しないと時間の関係で海の藻屑と消えてしまう。継続を担保するには後進の育成が必要である。上司が部下を育てられなければ、会社の将来を先細りさせるという危機を招きかねない。いや、必ず招くことになる。

## 未来を見る目を持つと現在が見えてくる

どんなに手塩にかけて部下を育てても、上司の期待通りに育つ部下は全体の2割程度、6割は凡庸な、ついて来る人であり、2割は落ちこぼれる。一方、部下の育成にまったく無頓着な上司の下にいても、勝手に育つ部下というのもわずかだが必ずいる。

部下が20人いれば、部下育成に熱心な上司の下でも、満足に育っているのは3〜4人くらいのものだ、無頓着な上司の下ではだれも育たない。また、人が育つには時間がかかる。私の経験だと、目に見えて部下が変わるには2〜3年は要する。

営業で新規開拓を怠り、既存顧客だけを当てにした営業をしていれば、長期的には必ず売り上げが減り会社は衰退に向かう。同様に将来の稼ぎ手、担い手をつくらなければ事業は消滅してしまう。

明治から昭和初期に活躍した政治家後藤新平の言葉「金を残す人生は下、事業を残す人生は中、人を残す人生こそ上である」は紛れもない真実である。

では、部下を育てることは、将来だけの問題かというとそうではない。

私は成績不振の営業チームの上司を思い切って代えたことがある。前任の上司は結果偏重で部下の行動、すなわちプロセスには関心のないタイプ。

新任は結果も重視するが、部下の行動にも注目し、プロセスの改善を通じて部下を育てることのできるタイプだった。

チームメンバーはまったく同じでも、上司を代えてから一カ月で成績に変化が表れた。メンバー個々の成績は伸び率に多少のばらつきがあったものの、一斉に伸びたのである。チームの成績はその後も伸び続け、全社でも上位に入るようになった。

理由は簡単である。

上司が、本気で部下に成長してほしいと考えていることは部下にわかる。それまでの上司は部下に短期の結果を求めても、心から部下の成長を期待してはいなかった。

部下のことを真剣に考えている上司は、部下に信用され、信頼され、やがて尊敬される。部下は信用・信頼・尊敬できる上司の後ろを喜んでついて行く。

前任の上司の命令には、仕事だから仕方なく従っていたが、新任の上司には喜んで従うのだから、部下の仕事に取り組む熱意が違う。

仕事の能力はいままでと同じでも、意欲がまるっきり違うのだから、部下の成績が上がるのは当然のことだ。

車にたとえれば、スキルは車体（ボディ）でマインドがエンジンである。エンジンが起動しなければ車は動かない。

その結果、チームの成績も上がり、上司の評価も上がる。

部下を育てれば必ず自分に還って来る、部下を育てることで自分も育つのである。「会社育ては人育て、人育ては自分育て」。私の好きな言葉（実は自作！）である。

## 部下との正しい向き合い方
## ――違ったタイプの部下をどう用いるか――

部下は会社の財産である。財産を預かっている以上、資産価値を高めなければならない。では、部下の持つ「資産価値」を上げるとはどういうことか。それは部下の強みを見つけ出し、強みを伸ばすことに尽きる。

英語では“Accentuate the positive. Eliminate the negative.（強みを伸ばし弱みを除

く)〟という言葉がある。本来は、弱みや欠点をほじくり出して、それらを補正したり、矯正するよりも、強みを最大限に伸ばすと、いつの間にか弱みは目立たなくなり自然消滅するものだ。

したがって〝Accentuate the positive. Ignore the negative.(強みは生かし弱みは無視する)〟というのが私の考えだ。

だから上司は、とことん部下の強みを伸ばし続けることに専念すべきなのである。だが一口に伸ばすといっても、伸ばし方には違いがある。部下は一人ひとり強みが異なるし、性格も違う。タイプが違うのである。異なるタイプの部下を同列に扱い、同じやり方で伸ばそうとすれば必ず失敗する。

異なる部下を伸ばす方法、それが用兵の要諦《ようてい》である。

縦軸に意欲・人間力をとり、横軸に知力・仕事力をとる。意欲は物事に取り組むマインドであり、人間力とは人から信頼され、尊敬される要素だ。知力・仕事力は仕事を進めるための頭のよさと仕事をするためのスキルである。

人材の４タイプ

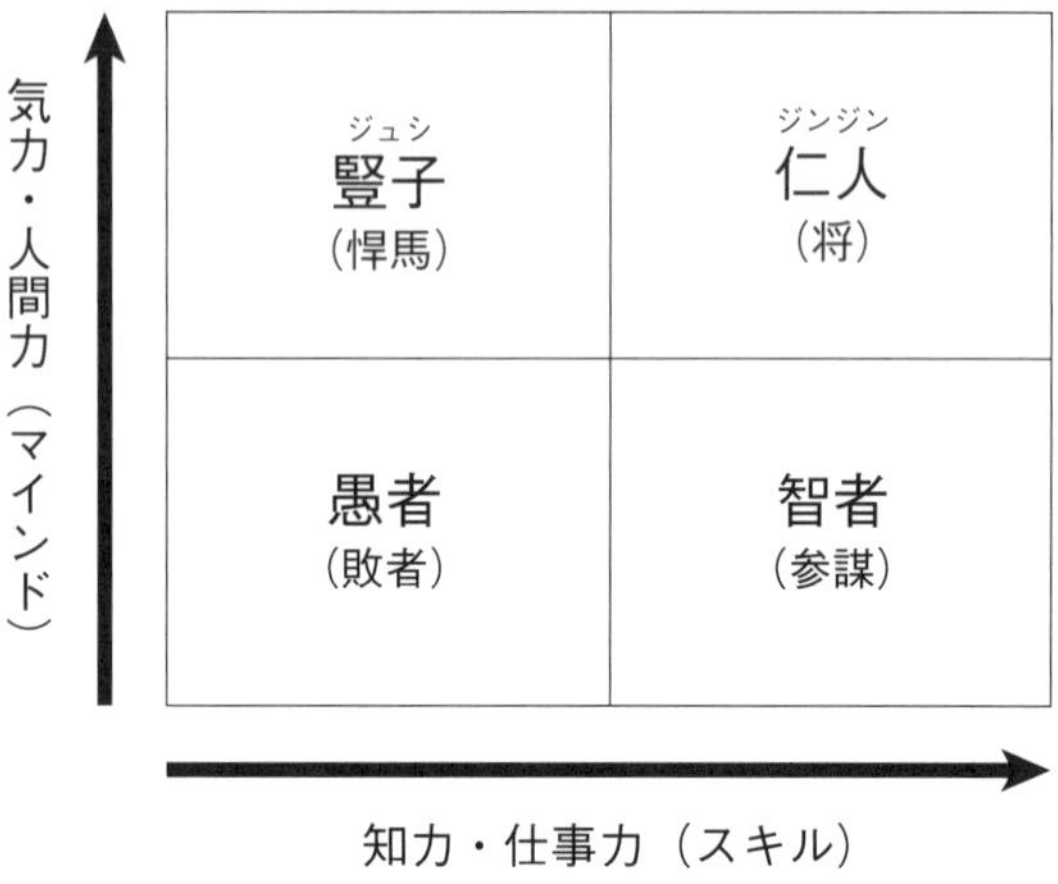


## 仁人・智者・豎子・敗者

マインドが高く、スキルも高いタイプを仁《じん》人《じん》という。このタイプの強みを伸ばすには目いっぱい任せることだ。目標の量と質、期限について事前合意したら、後は余計な口先介入をしないことが、このタイプを伸ばす秘訣である。

スキルは高いがマインドの低い智者タイプに対しては、何をするかを指示した上で、やり方はできるだけ本人の頭で考えさせることだ。可能な限り部下の考えを尊重し、成功したときに褒《ほ》める。小さな成功体験を認めて褒めることが、自信や意欲の向上につながる。

意欲はあるものの、スキルに乏しいタイプは豎子《じゅし》、新人タイプでもある。このタイプは教えればスポンジのように吸収が早いので、トレーニングの機会と適切なアドバイスを与えることが大切だ。

マインドもスキルも低い部下は愚者、つまり敗者である。しかし、いったん採用した以上彼らを育てるのも会社の義務。社員は会社に貢献する義務がある、会社は社員を育てる義務がある。社員と会社の責任は片務性ではなく双務性の関係なのだ。

愚者に位置する部下を妄《みだ》りにクビにすることは、義務の放棄となる。

彼らに対してはスキルの不足を補うトレーニングをさせ、マインドを下げている原因を探り出して対応することだ。適材適所という言葉がある。人事異動や仕事を変えることで人は復活することもある。

## 年上の部下とどう付き合えばよいか

年上の部下にどう接すればよいかという質問を受けることが多い。

そういうとき私は、原則は〝Polite but Firm（礼節をもって毅然と）〟であると答えている。部下だからといって、年上の人に敬意を払わない態度で接することは日本人の美意識に反する。一方、年上だからといって、上司としてきちんと指示命令ができないようでは部下は動かない。組織は硬直状態に陥る。

年上の部下を人としてリスペクトしつつ、職制としての役目は躊躇せず果たす。これが原則だ。

そもそも年上の部下の扱いに悩むのは、長幼の序を尊ぶ儒教文化のある東アジアの国だけの特徴である。アメリカ人は年齢にはいっさい頓着しない。敬老の日（Respect for the Aged Day）が、国の祝日として存在するのは私の知る限り日本だけである。

では、部下が外国人だったら年上でも気を使わなくてよいか。部下に対してはそれでよいが、日本の会社で、周りが日本人ばかりであるなら、外国人といえども年上の人を顎で使うような真似をすれば、周囲から顰蹙《ひんしゅく》を買うことになる。

国内にあっては、相手がどの国の人であっても原則は“Polite but Firm”を貫くべきだ。

## リーダーに必要なのは面子よりも目的

昔の日本軍でも現場の部隊では、若い士官よりも古参の下士官が現場を仕切っていた。

太平洋戦争の戦況が厳しくなると、軍は士官学校を出たばかりの士官を戦地に派遣した。それでも足りずに、大学生を召集し即席の士官に仕立て、士官として戦地に赴任させた。

現場にいる古参の軍曹たちはそういう若い士官を馬鹿にして、ときにいやがらせをすることもあったという。

士官学校出の若い士官はなめられてなるかと、軍曹たちとたびたび衝突したが、階級では若い士官が上でも、現場のことは軍曹たちに頼らなければ兵を動かすことさえできない。結局、困った若い士官は面白くはないが何も言わなくなる。

一方、大学から軍に召集された学生士官のほうは、純粋培養の士官学校出と違い、古参の軍曹たちを立てながらうまく付き合うことができた。

「人は自分を尊重する人を尊重する」という人間関係の鉄則がある。しかし、士官学校出の若い士官は自分の階級やエリート意識が邪魔をして、大学から来た半分素人の士官のまねができず、陰で「学徒出陣の連中は古参兵を使うのがうまい」と言うばかりだったという。

チームは何のためにあるかを考えれば、自分の面子《メンツ》よりもチームの目的を果たすことを優先すべきだが、そこがなかなかできないのが人間である。

年長者の強みである経験を尊重し、それが功を奏してチームの成績が上がっていくと、それを喜べるうちはよいが、今度は自分の存在価値が薄れるのではと危ぶむ。そういう人にとっては、年長者の存在はかえって脅威となる。

すると、自分の存在価値をアピールするために、あえて年長者の意見に抵抗し、対立する意見を述べる。それもチームの目的を無視した違反行為だ。

戦国時代、織田・徳川連合軍に対し武田勝頼率いる武田軍が総攻撃をかけた。世にいう長篠《ながしの》の戦いである。この総攻撃に、武田信玄以来の年長の家臣たちは慎重論を唱えた。しかし大将である勝頼は、名将たちも年を取って弱気になったと強引に攻撃に踏み切り大敗、以後、武田家の家運は傾き数年後に滅亡する。

上司がつまらぬ面子や自己過信にとらわれて、チームを誤った方向へ導くことは天下の大罪である。

年齢に関係なく人を生かす。この点に徹することが上司の道である。

組織は年齢が動かすのではない。スキルと意欲と人望が動かすのである。年功序列、すなわち年齢と功績で人を遇するのはよいが、年齢序列では組織は動かない。

## 女性の部下にどう接するか

就活中の女子学生へのセクハラや、女性社員へのパワハラの報道が続いている。

### 世界の女性活躍度ランキング

| 順位 | 国名 | 値 |
|---|---|---|
| 1 | アイスランド | 0.858 |
| 2 | ノルウェー | 0.835 |
| 3 | スウェーデン | 0.822 |
| 4 | フィンランド | 0.821 |
| 5 | ニカラグア | 0.809 |
| 6 | ルワンダ | 0.804 |
| 7 | ニュージーランド | 0.801 |
| 8 | フィリピン | 0.799 |
| 9 | アイルランド | 0.796 |
| 10 | ナミビア | 0.789 |
| 12 | フランス | 0.779 |
| 14 | ドイツ | 0.776 |
| 15 | 英国 | 0.774 |
| 16 | カナダ | 0.771 |
| 51 | アメリカ | 0.720 |
| 70 | イタリア | 0.706 |
| 75 | ロシア | 0.701 |
| 103 | 中国 | 0.673 |
| 110 | 日本 | 0.662 |
| 115 | 韓国 | 0.657 |

世界経済フォーラム（WEF）2018年発表「世界ジェンダー・ギャップ指数」（経済、教育、健康、政治の４つの分野のデータから作成され０が完全不平等、１が完全平等を意味する）

（内閣府男女共同参画局資料より抜粋）

ＯＢ訪問に来た後輩の女子学生にセクハラを働くなど言語道断だが、こうした事件の背景には日本の企業社会から拭いきれない、ビジネスパーソンとしての女性社員を尊重していない風土があるように思える。

今日にあっても江戸時代、明治時代の残骸のような会社が、なお多いということになる。ダイバーシティの眼目は「じょろうがい」。女性と老人と外国人の活用と言われて久しい。

しかし日本の女性活躍の現状は、依然として世界的に最低水準にある。

私の読者には女性の社長もいるし、女性社長の会社から研修のための講演を頼まれることも多い。女性社員の研修に招かれることもある。

それでも、やはり女性社長、女性管理者の数が多いとは言えない。

本稿のテーマは女性の部下にどう接するかだが、女性の上司にどう接するかというテーマが日常的な課題になるには、もうすこし時間がかかりそうだ。

## 性別ではなく個人ベースで評価

女性の部下に対する接し方と女性の上司に対する接し方は基本的には同じである（べきだ）。

肝心なことは、どちらも「女性だから」という型にはまったステレオタイプ的な考え方を排除することにある。上司であろうと部下であろうと、女性だからは関係ない。

注目すべきは性別ではなく、ビジネスパーソンとしてのスキルとマインドである。

わが社の理念に共感し、わが社の方針を理解し、正しく仕事のできるわが社の人財像に合致する人が、わが社の求める人材だ。

男であるか、女であるかは問うべき課題ではない。

上司はステレオタイプに縛られることなく、部下を男女を問わずひとりの人材と見るべきである。そして人財として育成すべきだ。

ひとりの人間として各論で評価し、その人に適した仕事を任せ、男女にかかわらずプロセスと結果に応じて公正な評価と処遇をしなければならない。

「女性だから」と評価を甘くすることは上司として無責任であり、「女性だてらに」と評価を抑えるのは節度を欠いた態度である。

# 外国人の部下には論理と数字をもとに接しなさい

私には、上司にも部下にも外国人が大勢いた。

概ね欧米出身者だったが、彼らには共通した思考スタイルがある。それがそのままビジネススタイルともなっていた。

彼らの思考の核は論理と数字（LN = Logic&Number）で構成されている。

その外側をGNNが薄く覆っているというのが、彼らの思考の構造図である。GNNというのは私の造語で、義理（G）と人情（N）と浪花節（N）である。

GNNは、まさに純和風の気質だが、彼ら欧米人も人間である以上、こうした意気に感ず的な部分も持っている。

すべてが論理と数字だったらコンピューターの世界だが、彼らは機械ではない。人間である。

論理と数字を核に、その外側をGNNが薄く覆うとした思考のスタイルは、近年アジアの国々のビジネスマンを見ていると、彼らにも共通していることがわかる。

つまり米、英、独、仏などの他に中、韓も加わってきたのである。

欧米人の思考法

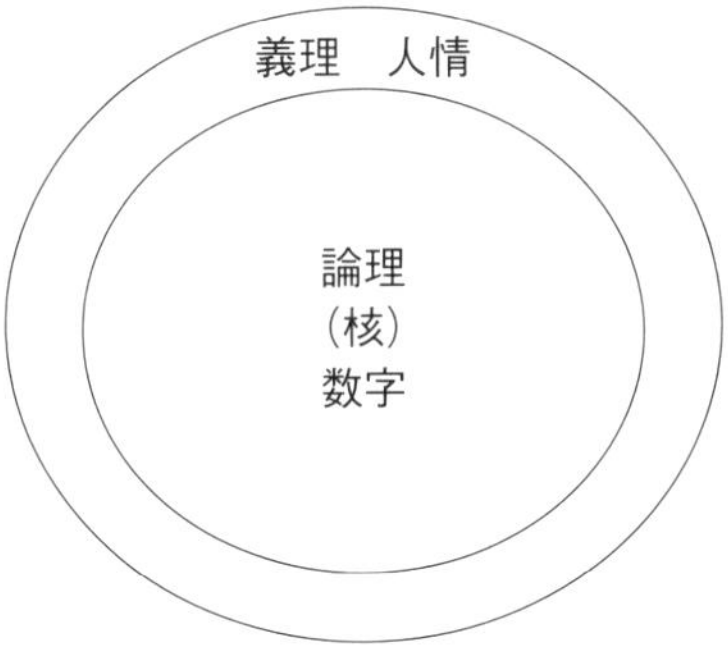


論理と数字の核を中心に据え、その周りを義理と人情が囲っている

日本人の思考法

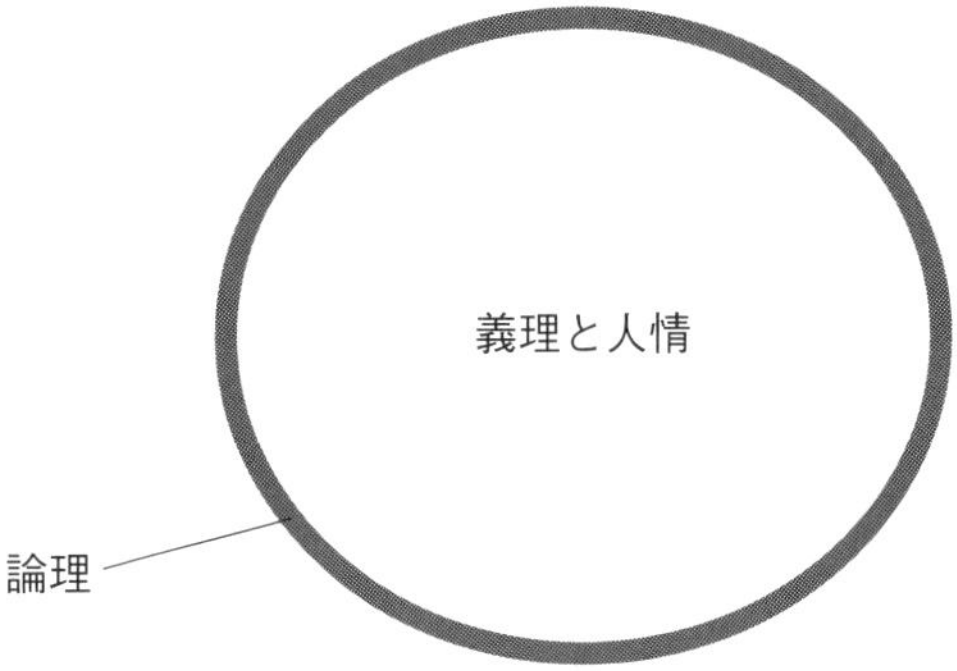


義理と人情の周りを論理の膜が薄皮のように覆っている

## 日本風のビジネススタイルから脱却する潮どき

経営は英語で考えたほうがよいと、ある大手商社の会長が言っていた。

日本語には、あいまい（Implicit・Vague）な表現が多すぎる。英語は明確（Explicit・Clear）な表現が比較的多い。だから、経営者は英語で考えたほうがよいというのが会長の持論だ。

日本語には英語で表現できない言葉がある。

「そこを何とか」「然るべく」「あとはよしなに」という日本語は英語に翻訳しようがない。

これらは日本人にしか通じない。

日本的文化を背景にした言葉だからだ。

たしかに「そこを何とか」あとはよしなに」「しかるべく」を繰り返していては、会社を経営することはできないだろう。

文化を背景にした言葉とは、暗黙知によって支えられたコミュニケーションの産物といってよい。

一方、論理と数字を基本としたコミュニケーションで使われる言葉は、明示知（誰にでも同じことがわかり、同じことが伝わる。代表が数字）によるものでなければならない。

外国人の部下に対する指示は、特に明示知の言葉を使うことを心がけるべきだ。

## 頑張りましたは報告ではない

日本人同士の会話では、期限をあいまいにしたまま「なるべく早く」でも通用してしまうが、外国人を相手にするときは「1週間で」とか「3時間後に」と数字で指示することが望ましい。

論理と数字で伝えること、すなわち明示知で伝えることは、日本人同士の会話でも習慣化すべきである。いつまでも日本人だけにしか伝わらない暗黙知の言葉を使っていては、世界から取り残されてしまう。

日本では通じるが、世界では通じない言い回しは他にもある。

アメリカ本社の幹部会議に出たときのこと、私は「日本法人の社員は、全員夜《よ》を日に継いで全力で頑張っております」と述べた。

そのとき、上司である本社の会長から、直々に「我々は君たちにハードワークを望んでいない。我々の望むのは今期の目標の達成という結果であり、そのために君たちが何をしたかだ」というコメントをいただいた。

いくらシャカリキに頑張っても結果が伴わなければ、まったく認められない。「報酬は成果に対して与えられるべきである。単なる努力は賞賛の対象にしかすぎない」。ピーター・ドラッカーの言葉である。

「頑張っています」で許されるのは日本だけのことなのだ。頑張ることが自己目的化してはならない。ビジネスの世界で大切なのはただひとつ、正しいプロセスを得た上での「結果」である。

## 人材には金銀銅がある。上司は部下の持つ金の素材を磨き出そう

近年、労働力不足が叫ばれている。人手不足倒産の件数も、過去に例のない件数になっているという報道も耳にする。

企業の持続的な成長（サスティナビリティ）のためには、恒常的に新しい力が必要であるから、新人の採用は企業にとっていまや大きな課題といえよう。

採用で肝心なことは、その素材の質を見抜くことにある。前述したとおり、「採用は人柄で、スキルは訓練で」"Hire for character. Train for skills."という。人柄は面接で見抜くしか方法がない。ここを間違えれば、どれだけ学校の成績が優秀な学生を採ったとしても採用は失敗である。

教育訓練で人は必ず育つというのはとんでもない錯覚であり誤解である。素材が腐っていたら何をやってもダメである。

人柄というのは素材であるから、素材が腐っているなら、いくらお金をかけて訓練してもムダである。銀はいくら磨いても金にはならず、銅に至っては、磨いても叩いても"どう"にもならない。

「瑠璃《るり》も玻璃《はり》も照らせば光る」というが、照らしても、磨いても光らない素材もある。人柄を見ずに採用して、後から手をかけるのはむだな努力でしかない。人柄を見るには第1章の最後にある「人を見抜く10カ条」を参考にしてほしい。

採用では、金の素材を見抜く採用担当者の努力と、金の素材を選び出す経営者の眼力がモノを言うのである。

## 最も優秀な学生の集まった会社が斜陽に

令和のはじまりが労働力不足なら、平成のはじまりも人手不足だった。バブル時代、優秀な学生は大企業に集まってしまうため、中小企業はひとりも採れない企業が多かった。

当時、学生に人気が高かったのは都市銀行、生損保会社、大手証券会社などをはじめとした金融機関であった。

いま、これら過去の人気企業は、国内では市場の縮小を受け衰退を余儀なくされ、海外市場でも後れを取り、将来のビジネスモデルが見えない。

一部のメガバンクは労働力不足の中、早々に次年度以降の採用の半減を発表した。

日本の金融機関は、国内にいては想像しにくいが、世界の金融機関と比べるとあらゆる面で見劣りがする。

海外の金融機関には太刀打ちできないのだ。

30年前にあれほど優秀な新人が大量に入ったにもかかわらず、なぜこのような状況に陥ってしまったのだろうか。

## 玉磨かざれば光なし

前にも述べたが、私はJ&Jの社長時代に人事部にある調査をさせたことがある。

その調査とは、入社試験の成績とその13年後の出世の相関関係だ。筆記試験の成績と昇進昇格との関係は限りなくゼロに近いものだった。一方、面接試験ではその後の出世の状況と試験結果が見事に一致していたのである。

面接では人柄を見る。人柄は目の光や態度に表れるものだ。面接者はそこを見て判断していたのである。

しかし、金の素材とは、見るからにピカピカと輝いている素材ばかりではない。磨けば光る素材もまた金の素材といえる。

採用された新人は、現場に配属され上司に預けられる。

上司の役割は、金の素材をまばゆいばかりの光り輝く素材に磨き上げることであるとともに、磨けば光る素材をとことん磨き出すことだ。

バブル時代に大量に優秀な新人を採用した大手金融機関は、磨くことを忘れていたとしか思えない。「出る杭」を否定する。だが「出ない杭」は腐るのだ。

工場の設備の稼働率は70%以上であれば利益が出るが、50%を下回ると損失になるという目安がある。

私の見立てでは、企業（特に大企業）の社員の稼働率は、どんなに甘く見ても60％以下である。

この背景には、経営者が社員を磨いて稼働率を高める努力をしていないという残念な実情がある。

## 分析している間に組織は麻痺する

ビジネスの鉄則は「巧拙は拙速に如かず」である。いかなる仕事であっても、締め切りが付いて回るビジネスの世界では拙速を尊ぶ。先行者利得とは平たく言えば早い者勝ちだ。経営者は早い者がウイナー（勝者）になる。“Winner takes all.”である。

石橋を叩いて渡るという慎重さが必要なケースもないわけではないが、じっくりと熟慮を重ねて判断し、さらに検討を重ねて結論を出し、機会を見て行動に移すという慎重居士《こじ》のような動作は、ビジネスの基本ではない。

“Analysis, Paralysis（分析している間に組織は麻痺する）”という言葉がある。

明治維新の三傑と呼ばれ、新政府の中枢を握っていた大久保利通は、下から提案が上がってくると、その場で「やりましょう」と「考えておきます」のふたつしか言わなかったという。「やりましょう」はGOである。「考えておきます」は、判断に迷っているわけではなく、NGということだ。

検討を重ねた上で、結論を出しますという意味ではない。大久保利通は慎重だったわけではなく、むしろ拙速だったのである。

## 伸びる部下は3ハヤ
## 〝話が早い、歩き方が速い、メシがはやい〟の人

幸運の女神には後ろ髪がないのだから、チャンスが来たら手遅れにならないうちに行動を起こすことが求められる。こういう反応の早さをアジリティー（敏捷さ）という。一方、仕事を進める速さはスピードという。

ビジネスパーソンに必要とされるはやさには、アジリティーとスピードがあるのだ。アジリティーとスピードが備わっている人というのは、行動面では概ね次の3つ〈3ハヤ〉に当てはまる人である。

1. 話が早い
2. 歩き方が速い
3. メシがはやい
この3つが備わっている人は、ビジネスパーソンとしての伸びしろも大きい。

1の話が早いというのは、早口ということではない。

その意味するところは、即断即決ということであるし、報告や連絡が簡潔明瞭であることもそうだ。

また、「一を聞いて十を知る」というような頭の回転の速さもないと、話が早い人にはなれない。さらに、あれも、これもではなく、あれか、これかという編集能力も必要である。つまり、瞬時の判断速度〝アジリティー〟に優れているといえよう。

## 結果を伴わないはやさは単なるせっかち

2の歩き方が速いというのは、脚力をいうのではない。いわば普段の巡航速度が速い人ということだ。日常的な行動、動作がはやいのである。すぐやる人、仕事のはやい人と言ってもよい。歩き方が速い人とは、概してスピードのある人だ。

ダイエットの世界では、メシの食べ方が早い人は太りやすいといわれている。

ビジネスパーソンにとってメシとは「情報」である。情報はメシの種とも呼ばれるが、情報は早ければ早いほど価値がある。遅れた情報は賞味期限が切れている。「後追い加工情報」となる。栄養価の高いメシ（情報）を早食いすれば、たちまち太ってしまうが情報太りは健康に害がない。

「3ハヤ」のある人は、伸びしろの大きい人ではあるが、これらのはやさは結果が伴ってはじめて実効性のある能力となる。結果が伴わなければ3ハヤは、ただのせっかちにしかすぎない。単なるせっかちを3ハヤと見間違えないことが肝心である。

## いつの時代も扱いづらい部下が上司を成長させる糧となる

上司にとって意見の合わない部下は貴重な存在である。

同じ会社にいる以上、会社の目指す理念や方向性、会社の求める価値観の理解と共有は絶対に必要である。万一食い違いがある部下がいたら、正しい方向に軌道修正をしなければばならない。修正に応じない獅子身中の虫的な社員には退場を促すべきである。

とはいえ、同じ会社の社員でも考え方に違いはある。個人の価値観や美意識には、お互い別の人間である以上、何らかの違いがあるはずだ。１００％一致ということはあり得ない。

上司と部下であっても、物の見方、考え方で一致しないところがあれば、それはお互い異見や異論、反論となって表れてよいし、表すべきだ。

こうした意見の相違は化学反応を起こし、新しい発見や見解に結びつくこともある。ケミストリーとは英語で相性という意味もある。相性がよいとは気が合う、相性は愛性に通じる、ウマが合うばかりでなく、お互いの化学反応で新しいものが生まれる関係も、また相性のよさといえるのではないか。

職場の中に異見、異論、反論が飛び交うことは困った現象ではない。歓迎し奨励すべきことである。

むしろ、上司の言うことを、何でも無批判に受け入れてしまう部下の態度のほうを警戒すべきだ。

無批判で受け入れるということは、無条件降伏に等しい。何の異見も述べないというのは、何の意見も述べていないのと等しい。

## 異論を受け入れることで器が広がる

一方、とことん自分の意見にこだわれば、今度はお互いに対立しか生まれない。自分の価値観から一歩も動かなければ、お互い対立しかなく、どこまで行っても平行線で交わらないことになる。

受け入れがたいことを理解して受け入れて、双方の妥協点を模索することにより、人の器は大きくなっていく。

自分とは異なる価値観を認めることは敗北でもなければ、降伏でもない。白旗を掲げたわけではないのだ。異見も意見と認めたのである。

英語では〝Agree to Disagree（不同意に同意する）〟と言う。〝異見も意見〟である。お互いの違いを認めた上で、異見の擦り合わせをして合意点を見いだすということだ。食わず嫌いということもある。受け入れてみれば意外になじむことだってあるはずだ。御法度とすべきは異見を、頑なに拒否することである。

## たてつく部下から仕事の哲学を得る

私はシェル石油（現・出光昭和シェル）時代、32歳のときに課長になった。

仕事に燃えていた当時、私の部下に、何かと異論、反論ばかりする部下がいた。優秀な人だったが、できそうにないことは、はじめからやらない、無理することは無意味、人生には仕事より大事なことがあるという考えだった。

仕事に燃えていた私は、この部下とずいぶん議論（多くの場合は口論）をした。

私は彼のチャレンジしない仕事の姿勢に反対だった。しかし、議論するうちに彼の言う、人生には仕事以外にも大事なことがあるという主張は、もっともと思うようになった。

一方で私は、彼に仕事の中にも、人生の充実を覚える瞬間のあることを伝えたいと思った。仕事が人生を充実させることもあるのだ。

しかし、それは議論では伝わらない。

私自身が実際にチャレンジングな仕事に取り組んで見せ、その醍醐味を示してやらねばならない。

その上で、彼に仕事の中での人生の醍醐味を味わわせてやる必要がある。

私はそれまでにもましてチャレンジングな仕事に挑むように努めた。

また、私自身が彼にとって魅力的な生き方をしている、すなわち充実した人生を過ごしているロールモデルとなることも必要だ。

そのためには、仕事だけできる人では十分ではない。人間的にも魅力的でなければ、生き方に部下の共感を得ることは不可能だからだ。

人間力を磨くには、経験と本と人（メンター・師）から学ぶことに尽きる。さらに欲張ってもうひとつ付け加えれば歴史からも学ぶことができる。

私の人生や仕事に対する哲学は、この何かと私にたてつく部下がいなければ、身に付かなかったかもしれない。部下との摩擦熱によって、私の向上心、探求心に火が点いたという側面は確かにあった。

この部下は、決して扱いやすい部下ではなかったが、彼のおかげで哲学を固めることができた。哲学といっても、それほど難しい話ではない。物の考え方のことである。

まさに「艱難汝を玉にす」ということだろう。

## 優れた上司とは「優れた任せ人」である

上司が任せたと思うほど、部下は任されたと思っていない。これは私がJ&J（ジョンソン・エンド・ジョンソン）時代に5回にわたって調査をした結果である。

上司と部下の間には、認識のずれ“Perception Gap”がある。認識のずれは、上司が100%伝えたと思っていても、部下には30%程度しか伝わっていないなどという形で表れる。だが、任せ方についての認識のずれほど、上司と部下ではっきり違いが出るものはない。

つまり、上司が自分が部下に十分任せていると思うほど、部下には任されていない（と思われている）という大きなずれがあるのだ。J&Jは、自社のことを「小さいことによって大きくなった（We have grown big by staying small.）」と分析している。小さいこととは、一つひとつの規模の小さい（スモール）会社の集合体という形態を取り、メイッパイ権限委譲をことによって、大きく（ビッグ）になったという意味である。ニュージャージーのJ&J本社へ行ったときに、私はこの話を聞いた。

この話は、同社の権限移譲に関する文化を雄弁に物語っている。分社とは、権限移譲なしには行えない。それも、理念は共有するが、経営はメイッパイ任せるという最大限の権限移譲である。J&Jにあって権限移譲とは、企業理念の一本化というただ一点を除いては、経営は一社を丸ごと任せることまで含んだものであるとともに、会社を成長発展させるエンジンでもあるのだ。

## 恐竜になるな

Ｊ＆Ｊは、２７０社に及ぶ中堅企業の集合体である。

会社が大きくなればなるほど、情報の伝達に支障が生じやすい。現場の情報が経営者に伝わりにくくなる、あるいは伝わるまでに時間を要する。上からの指示も、現場に届くまでに時間がかかり、しかもときに変形して伝わる。

恐竜が生物として滅んだのも、身体が大きくなりすぎて、情報伝達と処理に時間がかかり機敏な対応ができなくなったからといわれる。

身体が大きくなっても脳はひとつだ。

大きくなることは、危険なことなのだという認識がＪ＆Ｊにはあった。そこで全体を緩やかに統合する脳と、それぞれの事業を敏捷に動かす脳と身体を小分けしたのである。

ひとつの脳では身体が大きくなるばかりだから、身体を小さく分けることで脳を増やしたのだ。

## もう半歩つっこんで任せよ

上司には、自分のほうが優秀だから自分でやったほうがよいと、部下の仕事、あるいは部下が自分で物を考える機会を奪う人がいる。こういう人は往々にして、そのほうが生産性は高いと信じているはずだ。この考え方は短期的には正しいかもしれない。

しかし、冒頭のパーセプション・ギャップがここにもある。

人間というのは、自分のことは30％以上下駄をはかせて過大評価し、他人のことは30％以上価値を過小評価する。したがって部下に任せず自分でやったほうが生産性が高いと考えている上司は、60％以上現実から乖離した判断をしている可能性がある。

つまり、自分がやってしまうのは、本人が思っているほど生産性の高い仕事の仕方ではないのだ。それより、部下に成長機会を与えるほうがはるかに有意義といえる。仕事を任されれば、誰でも単純にうれしい。心のレベル、すなわち意欲が上がるから生産性も高まり、責任感も上がる。創造性も高まる。部下が成長することによって、上司も自分が楽になる。自分が上司としてやるべき仕事に時間を使うことができる。

任せて任せ過ぎはない。上司はもう一歩、せめて半歩、部下に仕事を任せてみるべきだ。

その結果、部下は育つ。

## 任せられないのは弱さ

部下の失敗を恐れ、任せられないという人には隠れた弱点がある。部下の失敗を許せないという弱点だ。「弱い者は許すことができない。強い者が許すことができる」（マハトマ・ガンジー）という。一度目の失敗は経験である。二度目は確認である。部下に任せて失敗しても、二度までは成長のための学びのチャンスと見て許すべきだ。

銀行や役所のように減点主義の組織では、一度の失敗が命取りとなることもある。

だが、減点主義の組織は弱い。減点主義の組織では、冒険をしない、前例のないことをしない、結果を見通せないことはしないことが基本となる。典型的な官僚病である。変化の激しい時代に過去しか見ずに、過去と同じことしかしなければ組織の弱体化は避けられない。

ホンダの創業者本田宗一郎氏は、チャレンジして失敗した社員のうち、最も会社に大きな損害を与えたものには社長賞を与えたという。

部下の成長に責任のある上司たる者、任せて失敗することを恐れるよりも、任せず何も経験させないことを恐れるべきだ。「最大のリスクはリスクを取らないことである」という。

## 「ふたつの責任」最後の骨はオレが拾う

責任にはふたつの種類がある。

〝Responsibility（実行責任）〟と〝Accountability（結果責任）〟だ。指示命令を受けて実行する部下には、指示命令をきちんと行う実行責任がある。

実行の方法、やり方については部下に任せ切ってよい。

実行の方法については任せ切ったとしても、指示命令者である上司には結果責任がある。そして、最後の最後に結果責任を負うのは社長だ。誰も、ここから逃れることはできないし、逃れてはいけない。

この結果責任から逃れることを無責任といい、結果責任を取らない任せ方のことを責任放棄（Abdication）という。部下に仕事を任せたら最後、部下に対する関心も、最終的結果責任も放棄してはならない。正しい任せ方は“Delegation”である。

上司が、「最後の骨はオレが拾ってやる」という覚悟を伴った「愛情」で部下を送り出すことで　部下は困難な仕事にもチャレンジできるのだ。

どんなに困難な仕事でも愛情を持ってやらせたなら、それは任せたのであり、同じ仕事でも上司に愛情がなければ、単に押し付けただけということになる。

## 消えぬ部下への想い

責任感と愛情のある上司も、放任型の上司も、仕事を任せるという表面的な行為には差は出ないが、部下には違いがよくわかる。

同じ任せるでも、任せる場合この品質が決定的に異なる。この品質の差が部下にわからないはずはなく、品質の差が結果に影響を及ぼさないはずもない。

部下への想いについては、忘れられない話がある。

ある戦争体験者の話だ。将校として終戦を戦地で迎えたその方は、なんとか日本に戻ってくることができた。

しかし、激戦地に派遣されていたため部隊はほぼ全滅、運よく帰国できたのはその方を含めほんの一握りであった。

自分の命令によって何人もの部下が死んだ。

戦後、その方は50年以上、死んだ部下のことを想い、自らを楽しませることを慎み続けた。娯楽を目的としたことには一切手をつけず、家族旅行にも自分ひとり行かなかったという。

友人やご家族が、何十年も経ったのだから、もうみんな許してくれているのではないかと言っても、死んだ部下のことを考えると、それが自分の身の処し方だと、ずっと身の楽しみを遠ざけ続けたそうだ。

家庭を持ったのは、戦後だったのか、戦前からなのかはわからないが、ご家族には家族そろっての旅行という思い出はなかったという。

戦争という非常に苛酷で不幸な状況の下で、部下に対する愛情を貫くのは、また別のつらさを招くことになる。

ビジネスでは、特殊な例外を除けば命まで失うようなことはあまりない。

しかし、部下はときに失敗するし、それによって職場を離れていくこともある。仕事を任せた結果が、常に前向きでハッピーなものになるとは限らないからだ。

失敗してひどく傷つき、職場から離れていった部下のことを私は忘れたことがない。彼らは幸いにして、会社を去った後、移った職場、新たな仕事でそれなりに成功した。そうした消息を聞くたび、ほっと胸をなでおろしている。上司のことはときどき頭から離れてしまうこともあるが、部下のことは決して忘れない。

それが上司の基本動作だし、それが上司というものである。

## できる上司は〝巻き込み作戦〟の名手である

コカ・コーラ時代、仕事を終えてアメリカ本社の地下にあるバーで一息ついていると、本社の役員がやって来て「君はこの件についてどう思う？」と意見を求められ、しばらく話し込んだところで「ナイスアイデアだ。一杯おごらせてもらうよ」となった。

話はそれで終わりと思っていたら、後日、その役員から「君のアイデアは素晴らしい。ぜひプロジェクトに参加してくれ」という申し出があった。

バーでの相談はリクルーティング活動だったのかとわかったものの、アイデアを採用してもらっている以上、無下にも断れず、結局プロジェクトのメンバーに据えられ、プロジェクトの完了まで中心となって務めたことがある。

彼は〝巻き込み作戦〟の名手だった。

巻き込み作戦とは、いわばヒトゴトをワガコトに変換させる技術である。他人がやっているプロジェクトは、結局のところヒトゴトだが、少しでも関わりができると、次第にヒトゴトがワガコトになってくる。

プロ野球のチームでも、Jリーグのチームでも、多くのファンやサポーターにとってチーム自体は赤の他人の集団だ。

それが地元のチームという地縁的関わりから、毎試合欠かさずに応援に行く熱いファン、サポーターへとエスカレートしていく。チームの勝敗は、もはやヒトゴトではない、ワガコトなのだ。袖すり合うも他生《たしょう》の縁、そこから関係が深化していくのが人間だ。

## 勇気を持ってエンゲージメントせよ

チームの目標を定めるときには、私は必ず部下の意見を入れながら決めた。

目標そのものに部下の意見を入れる余地のない場合には、その実行計画について積極的に部下の意見を取り入れた。多少心もとない意見であったとしても、可能な限り部下の考えるとおりにやらせた。

部下にとって自分の意見を採用された計画は、いわばマイベビーである。目標は完全にワガコトとなり、何がなんでもやったるで！　というコミットメントを伴った目標に格上げされる。

部下の意見を取り入れるときの上司の基本動作は、やはり美点凝視である。部下の意見のよい点に注目するのだ。

だが、そんな危ない話に乗って、もし失敗したらどうするのか、そういう懸念を抱く人は少なくないだろう。確かにリスクはある。

ある出版社が１００万部のベストセラーを出したことがある。しかし、そのベストセラーは社内会議で、出すか、出さないか意見が真っ二つに分かれた。会社の出版傾向から外れた企画だったからである。

このとき出版社の社長は、この一冊で会社がつぶれることはないのだから、やってみるべきだと企画をオーソライズさせた。

リスクばかりに注目していれば、部下の意見は永遠に日の目を見ることはない。

会社が危機に瀕するような計画でない限り、やらせてみるという勇気がなければ、部下をその気にさせる巻き込みも，抱き込み（エンゲージメント）もできるものではないのだ。

リスクにばかり注目して、部下の巻き込みができないことの弊害はまだある。部下の失敗を恐れ、何もやらせないというのは、会社の未来を危うくしていると意識すべきである。なぜなら部下が育つ機会を殺しているからだ。「最大のリスクとはリスクを取らないことである」という。

計画は途中でチェックできる。間違っていればすぐに修正可能だ。しかし、一度失われた部下の意欲を修正するのは、とてつもなく長い時間がかかるものである。

## 上司たる者朝令暮改を恐れてはならない

朝令暮改とは、朝に指示したことが、夕暮れどきには変わってしまうということだが、言うことがころころと変わって信用できないときに用いられる言葉である。

一般には方針に一貫性や継続性がない、食言家というような意味だ。よいイメージではない。しかし、素朴に朝令暮改の意味を見直してみれば、そもそも朝令暮改には、よい朝令暮改と悪い朝令暮改があることがわかる。

もともと朝令暮改とは、前漢の君主文帝に家臣が諫言《かんげん》した文書に由来する。

農民の生活は高い税金と災害に見舞われ、困窮を極めている。微税に至っては、朝に通告された税率が、夕暮れにはさらに高い税額に改められるという有り様だ。

これでは農民は逃げ出してしまう。君主は政治を改めなければならないという趣旨の上奏文である。

朝に告げた税率を夕方にさらに上げれば、それは悪い朝令暮改だが、朝に告げた税率を農民の困窮を見て、夕方に下げたのであれば、これはよい朝令暮改となる。

「一貫性とは想像力に欠けた人の最後の逃げ場」（オスカー・ワイルド）という。

方針を変えること自体は、何ら悪い判断でも行動でもない。変化の急激な現代ビジネスにあっては、むしろ必要な判断、行動といえる。朝言った方針を夕方に変えるのでは遅いかもしれない。朝言った方針であろうと、変えるべきことは午前中に変えてよい。

そのときに思い浮かべるべき言葉は、「過ちを改めるにはばかることなかれ」である。

## そこに哲学と説明責任があるか

生物の進化とは変わることである。企業の成長も、また変化とともにある。

日本を代表するIT企業ソフトバンクは、創業時は孫社長が主導してシャープと開発した自動翻訳機に見られるようにソフト開発の会社だった。次に会社はソフトウエアの流通業者に変わる。

PC雑誌を多数発行していたので、外形的には出版社にも見えた。次にインターネット業者となりヤフージャパンを立ち上げ、数年後には携帯電話会社となる。

現在は投資ファンド、半導体メーカーの道を模索中のようだ。

トヨタもEV（電気自動車）の市場を見据え、自動車メーカーから電気機械メーカー、IT企業へ変化する可能性をほのめかしている。

変わるべきときに変わることは必要なのだ。それが朝であるか、夕方であるかは関係ない。肝心なことは躊躇なくいま変わることである。

ただし、よい朝令暮改と悪い朝令暮改には、異なる点のあることも忘れてはならない。違いはふたつある。ひとつは説明責任（Accountability）だ。よい朝令暮改には「なぜ変えるのか」についてきちんとした説明がある。

さらに「なぜ変えるのか」の説明の背景には、哲学がなければならない。変える前も変えた後も一本の哲学（企業理念）で貫かれているのが、よい朝令暮改の原則である。哲学と説明責任、このふたつが朝令暮改の品質を担保する基本条件である。

このふたつの条件がそろっていれば、リーダーはいかなる急激な方針変更であろうとも果断に実行すべきだ。

もうひとつ付け加えるならば、部下の異論、異見にしっかり耳を傾けていること。中国の唐の時代には、諫議太夫《かんぎたいふ》という役職があった。君主の行いや政治的判断を諫《いさ》めることが仕事である。

苦言・諫言・忠言を斥《しりぞ》けると、国も会社も弱くなる。

## 上司の日常は得意淡然、失意泰然が基本動作

上司たる者、部下に顔色を見られるようでは失格だ。部下に顔色を読まれ、その精神状態に応じて、報告すべき情報を勝手に〝忖度〟されたのでは、上司は仕事にならない。

ある大手企業の社長秘書から聞いた話がある。

彼が秘書として仕えた社長は普段から温厚な人だった。あるとき、海外企業との巨大な合弁プロジェクトの話が持ち上がり、このプロジェクトが取れれば、一気に世界に社名を轟かせることになると社内は大いに盛り上がっていた。

しかし、このプロジェクトには国内に競合がいた。海外企業と国内2社（この会社と競

合他社）は交渉を重ねていたが、下馬評では、どうも社長の会社のほうに分が悪い。話は大詰めを迎え、社長はプロジェクトの成否を決める最後の会議に向かった。そして夕刻、社に戻ってきた。旗色の悪い状況だったので、みんな社長の様子に注目したのだが、社長は普段と変わらない表情だった。

この様子なら、ひょっとすると逆転勝利だったのかもしれないと、ある役員がプロジェクトはわが社でやることになりましたかと尋ねた。すると社長は、いや競合先に決まったと答えたのだそうだ。

別の話もある。今度は新事業のプレス発表のときだ。満を持しての発表だったので、必ず世間の注目を集めるはずと、今度も社内は期待で盛り上がった。そこへ社長が記者会見から帰って来た。見ると、これもやはり普段と何ら変わらない表情だ。

絶対に好結果になると信じていた社員は、この様子では会見は失敗したのかと思っていたら、今度は大成功だったそうだ。この社長は、新聞記者がどんな質問をぶつけても、顔色ひとつ変えないので、記者泣かせでも有名だったらしい。

自分の感情を抑制（コントロール）できない人は、自分の仕事を管理（コントロール）できないという人である。

## 普段の態度は不断の努力から

政治家でも、得意絶頂のときは厳しい質問に対しても気色《けしき》ばむことなく、落ち着いて対応しているが、不利な状況になるとついつい本音が出てしまう。これは、今の政治家だけのことではない。昔の百戦錬磨の政治家でも同様だった。

得意絶頂のときに淡々としていることは、意識的に装うことも可能だが、失意のときにゆったりと落ち着いた態度を保つことは、いかなるベテラン政治家でも難しい。

私は、どんなひどい精神状態のときでも、決して部下に仏頂面を見せないことを、管理職になってから社長になるまでずっと厳守してきた。

いつもできていたかというと、そうでもない。

ときには感情をむき出しにしたこともあったが、努力目標としては、しかめっ面を人に見せないように努めていた。

具体的に言うと、得意のときも、失意のときも、いつも笑顔でいるということだ。

私は、オフィスに入る前には必ず鏡を見て、スマイルトレーニングすることを習慣にしていた。トイレの鏡の前で笑顔をつくっていると、心境によって笑顔が異なることがわかる。気分がよくないときの笑顔はまったく楽しそうではない。

精神的にまいっているとき、気分の悪いとき、悶々として不愉快なときは、楽しそうな笑顔になるまでトレーニングを続け、笑顔がよくなってから社に顔を出した。トイレの鏡が使えないときには、裏に銀色のシートを張った手持ちのカードを鏡替わりに使っていた。

幸い私の笑顔から、心中を察した部下はひとりもいない。

ただ彼らは、私がなぜ毎朝笑顔で出社するのか、不思議に思っていたようだ。いま種明かしをすれば、こういうことなのである。

アメリカメジャーリーグでこんな調査をした。

スマイルのある選手とスマイルのない選手の平均寿命を比べると、スマイルのある選手は、スマイルのない選手より7年長かったという。スマイルは長生きのもとということだ。スマイルはストレス解消の妙薬なのだろう。ストレスの少ない人は長生きをする。

## 最大の愛は関心という形で表れる

いささか甘いことを言うように聞こえるかもしれないが、部下への愛のない上司というのはそれだけで上司失格だと私は思っている。

私の部下に実力、成績ともに同じくらいのふたりの課長がいた。ある年のこと、２人とも今期の目標に未達だった。私はふたりを呼んでその理由を聞いた。

ひとりの課長は部下の働きが悪かったからと、目標未達を部下のせいにした。もうひとりの課長は、部下をかばい目標未達は自分の指導不足と詫びた。

私はその年の人事異動で前者の課長を降格し、数年後に後者の課長を部長に昇格させた。責任逃れのために平気で部下を否定するような上司は、上司の風上にも置けない。

愛の有無が顕著に表れる典型のひとつが、部下の失敗を咎めるときだ。

平たく言うと叱るときということになるが、叱るという行為の裏側には愛がある。もし愛がなければ、それは叱っているのではなく、怒っている、または罵っているのだ。

部下を叱るというのは、別の言葉で言えば愛のムチである。

そこには期待がある。期待があるということは部下の存在を認め、以後も存在し成長してもらいたいという前提がある。成長を願うからこそ叱るのだ。

だから叱るには愛があるし、部下を尊重する気持ちもある。

一方、怒る、罵るというのは人格を否定する。人格を否定するというのは、存在しなくてよい、消えてなくなれということである。さらに悪化すると殴るが続く。

そこには期待はない。部下をその場その場の使い捨ての道具としか見ていないから、期待もないのだ。愛もなければ、尊重（リスペクト）もない。

## アテンション・プリーズは部下の心の叫び

しかし、怒る、罵るはマイナスではあるものの、部下の存在は認めている。現にいまそこにいるからこそ、憎しみをこめて「消え失せろ！」と罵倒するのである。

関心がないというのは、存在を認めないことだ。いてもいないように扱うことである。「愛情の反意語は憎しみではなく無関心である」（マザー・テレサ）という言葉は真理を正しく突いている。

人間にとって最もつらいのは、誰からも関心を持たれないことである。他人から無視されるよりは、罵られたほうがましと思うのが人間である。

部下にとって、上司から無視されることは職場で最もつらいことなのだ。

しかし、そのことに気づかない上司が多い。上司の指示で行ったデータ収集について、何らフィードバックしない、役に立ったのか立たなかったのか、よかったのか悪かったのかさえ言わない無関心上司は、部下を悲しませる。

最悪なのは、あいさつさえきちんと返さない上司だ。そんな愛のない上司の後に、よろこんでついて来る部下がいるはずがない。

よろこんでついて来るフォロワーがいて、はじめてリーダーはリードする人となる。フォロワーがひとりもいなければ、もはやリーダー、すなわち上司とはいえない。

私がジャパネットたかたの研修で、創業者の高田明氏と社内を歩いていたとき、高田氏はすれ違うたびに社員一人ひとりへ「お子さん幼稚園入園おめでとう!」「奥さんの病気は治った?」「誕生日おめでとう!」と次から次へと声をかけていた。

全員のデータベースが頭に入っていることにも驚いたが、それを具体的に表現している社員への関心度の高さに恐れ入った。

上司が関心を示せば部下は元気になる。いまも部下はアテンション・プリーズ(もっと関心を向けてください!)と心の中で叫んでいるはずだ。

## 上司の叱り方5段階

上司に叱られたことのない人はいないはずだ。

もし、いるとすれば余程優秀な人か、ずっと叱れない上司の下にいた不幸な人ということになる。叱られることによって気づくこと、学ぶことは多い。叱り、叱られることも上司と部下の大切なコミュニケーションのひとつである。

叱るという行為の原点には、部下の成長を願う心がなければならない。

前述したジャパネットたかたの創業者である高田明氏は、叱るとは「愛情を伴った攻撃」と言っている。部下の成長を促すことこそ、叱ることの意味である。

しかし、部下への愛が叱ることの「必要条件」ではあっても、「十分条件」がそろわなければよい叱り方とはならない。

では、叱り方の十分条件とは何か。

叱り方には下から5つの段階がある。最下位から順に「殴る」「罵る」「怒る」「叱る」「注意する」となる。5段階の最上位の「注意する」が、最高の叱り方である。

叱り方の基本は、「モノとコトを叱って人を叱らず」である。実際に、モノとコトを叱って人を叱らずを行動化すると、それは限りなく「注意する」に近くなる。

注意することのできるのは、事実と結果のみである。そこから逸脱して叱ろうとすると、人格攻撃に陥り、「怒る」「罵る」へエスカレートしかねない。だから、叱り方の望ましい形は「注意する」なのである。これがいまの時代の叱り方だ。

## 上司の3タイプ

最下位の「殴る」は、そもそも刑法に抵触する。その上の「罵る」は立派なパワハラである。「怒る」はグレーゾーンだが、怒る上司は、往々にして自分の感情の赴くままに行動しているにすぎない。

自分の感情を管理（コントロール）できない人間は、部下を管理することもできない。従って経営者にはなれない――なってはいけない。

部下を怒ってストレス解消するような上司は、上司失格である。しかし、こういう上司は少なくない。上司たる者、「コトを叱って人を叱らず」の注意型に専念すべきだ。

犯罪型、パワハラ型、ストレス解消型以外にも、冒頭で触れた叱れない上司がいる。部下の反発が怖くて叱れない、あるいは気が弱くて強いことが言えないタイプである。

気の弱い人は、叱ろうとは思わずに、「強い言葉で部下を励ます」というつもりで臨んでみるとよい。励ますと思えば、遠慮なく注意できるし、フォローも忘れないはずだ。

## タイミングも叱る技術

部下が何か失敗をしたときに、ここぞとばかり過去のことにまで遡って、とことん叱る人がいる。これもあまりよくない叱り方だ。注意することに努めていても、過去のことまで持ち出されては、叱られている部下は堪らない。それでは効果半減だ（実はわが家の賢妻の私に対するやり方がまさにこれである）。

叱り方でも「あれも、これも」はダメで、「あれか、これか」でいくべきだ。

叱る（注意する）タイミングも大事である。まだ仕事に慣れていない新人は、失敗も多いが、仕事の進め方に自信がないから常にアドバイスを求めている。この段階では失敗しても叱ることなく、アドバイス、ヒントを与えるに留める。

叱るのは仕事に自信が出てきた頃で、油断から仕事が粗くなったとき、仕事への慣れから原理原則に反する行動をとったときに叱ると効果的だ。

私も、そうやって上司から叱られ、色々なことを教わった。

# 8 聴き2しゃべりのススメ

巨耳細口《きょじさいこう》という言葉がある。人の話をよく聴き、自分のことは控えめにということだ。人間には耳がふたつで口がひとつなのは、聴くことを2倍優先すべきだからである。

ところが、人間はその本性として自分のことを話したがる。

自分のことをわかってもらいたい、自分のことをよく思ってもらいたいと雄弁になるのである。普段は無口な人でも、きっかけさえ得れば、堰《せき》を切ったようにしゃべり出す。それが人間である。

だから多くの上司は、チームの会議やミーティングで長広舌《ちょうこうぜつ》をふるう。部下が相手なら、誰にも気兼ねする必要がないからだ。上司のしゃべりたいという欲求を満足させるために、チームの会議やミーティングを使うのは反則である。

チームの会議やミーティングでは、上司は〝積極的に黙り〟聴き役に徹するべきだ。それが上司の基本動作である。

人はしゃべりたいという欲求があっても、上司のいる会議やミーティングでは遠慮してなかなか話そうとしないものだ。そこで上司の独演会がはじまっては、一方的に話す上司は気分がよいだろうが、部下は上司ほど気分がよくない。ウンザリしている。

気分が上がれば意欲も上がるのだから、部下に話をさせて、高揚させ、意欲を高めるほうがよい。それが上司というものである。

## 聴くことの御利益

聴き役に徹することは、しゃべりたいという欲求を抑えることに他ならないので、苦しいことには違いない。だが、聴くことによって得られる御利益《ごりやく》もある。

評論家の田原総一朗氏は、経営者のインタビューもよく行っていた。田原氏にインタビューされた経営者は、一様に「田原さんに話を聞いてもらっていると、いつの間にか考えがまとまる」と言っていた。

経営者は田原氏と話をして、時折、田原氏から飛んで来る質問に答えているうちに、頭の中が整理されるのだという。

上司が積極的聴き役に回ったとしても、会議やミーティングの流れをコントロールすることはできる。聴き役からの質問に答えているうちに、部下が自分で何をすべきかに気づけば、むしろそのほうが部下の動機づけになって望ましい。

聴き役に徹することの御利益はそれだけではない。

人間の頭は、インプットがなければアウトプットはあり得ないメカニズムだ。在庫がなければ、商品は出荷できないのが物事の道理である。

商品なら他所から調達すればよいが、アイデアや発想は自前であることが原則だ。聴くというのは、インプット作業に他ならない。

アウトプットばかりしている独演会上司は、インプットがないから、せっかくしゃべりだしても、部下からは「またはじまったよ」としか思われない。

私はチームの会議やミーティングでは、とことん聴き役に徹し、部下にはときに強制的に話をさせた。最初はためらっていた部下も、本来、自由に話すことは気分のよいことなので、思いつくままに会社の内外のことにも言及する。

そういう話の中には、有力な情報が含まれていることもある。

「人に聞くよりよい知恵はなし」という言葉がある。私は部下の口から飛び出した入力情報をヒントに、追跡調査を行い何度かマーケティングに役立てさせてもらった。

また、普段聴き役に回っている私が、会議やミーティングが煮詰まったときに一言を発すると、注目が大きいだけにその効果は大きい。

## 上司の基本動作は5ほめ2叱り3感謝

旧日本海軍連合艦隊の司令長官であった山本五十六大将の有名な言葉がある。「やってみせ、言って聞かせてさせてみて、ほめてやらねば人は動かじ」がそれだ。新潟県長岡市にある山本五十六記念館によれば、この言葉には次の2句が続くという。「話し合い、耳を傾け承認し、任せてやらねば人は育たず。やっている姿を感謝で見守って、信頼せねば人は実らず」

人を動かすマスターキーはほめること、人を育てるマスターキーは任せること、そして人を腐らせずに、活性化させるマスターキーが感謝と信頼ということである。

こうした原理原則は、時代、国籍、業種、業態、規模、組織の目的を問わない普遍の道理である。だからこそ、今日においても、多くの人の心を捉える名言となっているのだろう。

山本五十六大将の名言とは別に、部下を伸ばすコツを私の言葉で標語風に言うと、「5ほめ、2叱り、3感謝」となる。これが、いわば上司の部下に対する基本動作である。

上司が部下に対するときには、5：2：3の割合を気持ちの置きどころにすべきだ。

叱るのは5つほめてから。5つ叱った後でひとつだけほめても効果はない。たとえ叱る場面であっても、まずほめることから入る。最初はグー（Good）が、部下に接するときの基本と憶えておくことだ。次にベター（Better）というアドバイスが続く。

人は必ずしも一様ではないものの、叱られるよりも、ほめられるほうがモーチベーションは上がる。若いうちは特にこの傾向が強い。

ところが人によっては、教育とは叱ることだと思っている節が見受けられる。

そういう人は、教育とはまず認めてほめることだと頭を切り替えることが必要だ。叱りは後に続く。虎視眈々と部下を叱る機会を探すのではなく、美点凝視で部下を観察し、ほめるチャンスをうかがうことを上司の基本動作とするべきである。

## 上司の感謝の言葉が部下をプロにする

新入社員の頃は、なかなか大きな仕事を任せてもらえない。アリのように地面を往復するだけのような仕事ばかりを毎日やっていると、仕事がとてもつまらなく感じられる。また、不慣れなために失敗も多い。次第に、新人は腐りそうになってくる。

だが、そういう毎日でも、あるとき誰かから、ありがとうと感謝の言葉があると仕事に張り合いが生まれる。同じ仕事をしていても、次はもっとよい仕事をしようと思う。よい仕事を心がけると、次第に周りからも認められるようになる。

多くのビジネスパーソンは、概ねこういうプロセスを経て一人前になっていく。

3感謝の感謝とは、部下に対するサンキューである。上司の感謝の言葉は、日常的に部下を活性化させる。結果いかんにかかわらず、よくやってくれた、ありがとうと言える上司は、部下にとって実に魅力的な上司だ。

上司の感謝の言葉は、部下に仕事に対する自信と誇りをもたらす。自信と誇りは向上心を育み、向上心は部下を次の段階へ成長させる原動力となる。

上司が部下に感謝の言葉をかけている職場で、手抜きやねつ造、不正を働く部下は出てこない。山本五十六大将の名言にあるとおり、感謝は信頼の証《あかし》でもあるからだ。信頼を裏切ることは、どんな人にとっても後ろめたく、つらいことだ。

サンキューという感情の言葉を口に出す人と、出さない人の間には収入面で7％の差がつくという統計もある。

仕事はチームでやるものである。

チームワークを機能させるには、補助を仕事にする人も含めて、やってもらっていると いう感謝の気持ちが必要だ。上司にその気持ちがなければ、チームが円滑に、また効果的に動くはずはない。

## 部下を動かせる人、動かせない人のほんのわずかだが決定的な違い

古代中国の統一王朝、漢設立の立役者のひとりである韓信は「兵一人ひとりが進んで戦おうとせず、どうして勝利を得ることができようか」と言っている。

部下を動かすとは、命令で動かすことではない。部下が部下自身の意思によって、進んで動きだす。これができて部下を動かせる上司といえる。

では、部下を動かせる人にはあって、動かせない人に欠けているものは何か。

一言で言えばリーダーシップである。では、リーダーシップとは何かというと、それは「チームがどこへ向かうか方向性を示し、ゴールに向かって部下自ら喜んで進むように鼓舞する力」ということになる。

方向性とは、いわばトンネルの先に点った光を指すことである。

トンネルの先にある希望の光を上司が指し示すことで、疲労感、疲弊感、閉塞感という「平成の3H」に陥った部下を鼓舞し、新たな活力を呼び起こすことができる。

では、方向性を示すために必要なことは何か。

## 部下を信じ任せること

方向性とは、「理念＋目標＋戦略」の3点セットで構成される。理念は（こうありたいという形、あらまほしき理想像）である。企業の掲げる理念と理想像は、ほとんどの社員がある程度知っていることだ。だが、知っているだけでは不足である。知った上で信じて共有していることが必要である。でないと理念・理想は光を放たない。

「知っている」と「信じている」、この違いに決定的な差があるのだ。さらに何となく信じていると、強く信じているでも差がつく。

次に差がつくのは、「部下が自ら喜んで進む」という点である。「自ら喜んで」部下が動き出すには、部下の納得が必要であるし、そのためには可能な限り任せてやらなければならない。「人を動かす秘訣は、この世に、ただひとつしかない。すなわち自ら動きたくなる気持ちを起こさせること――これが秘訣だ」（デール・カーネギー）

部下の「やりたい感」を刺激し、進んで動くようにするには、部下を信頼し、部下に任せることが大切だ。それがなければ、部下の心は「やらされ感」で覆われる。「やりたい感」は生まれない。

任せ切るとは現場のやり方を任せ切るということである。戦略はトップが立てる、しかし戦術は現場に任せ切る。これが原則である。戦略とは「何をやる（WHAT）」であり、戦術とは「どうやる（HOW）」だ。やること（WHAT）は上司が決め、やり方（HOW）は現場にとことん任せ切ることだ。

## 原理原則の有無が決定的な違い

「信なくば立たず」という。部下を動かせる人と動かせない人の違いは、部下を信じる力にあるということである。部下が失敗したら、部下にはまだそれだけの力がないのではないか、上手くいかなかったときには、上司である自分の責任になるなどと、疑心暗鬼を招くような迷いのある人は、任せ方の原理原則がわかっていないからだ。

そういう人は、これまで我流、自己流で成功を収めてきた人に多い。マイウェイの人である。しかし部下を持つようになると我流、自己流では必ず壁にぶつかる。壁を破るためには、改めて物事を体系的に学ぶこと、すなわち原理原則を学ばなければいけない。

小さな違いが大きな差を生む。小さな違いが原理原則である。真摯に原理原則に戻ることで、我流、自己流のノウハウが再び息を吹き返すチャンスも生まれる。

## 部下に伝えたつもりがなぜ伝わっていないのか

グループとは人の群れである。7人の人が集まればそれはグループである。その7人が同じビジョンの下に目標を共有するとそこにはチームが生まれる。組織に必要なのはチームだ。グループという、人の群れではない。チームは必ずグループだが、グループがチームであるとは限らない。

サッカーやラグビーのような、組織プレーで勝敗の決まるスポーツで、強いチームとは、組織があたかもひとつの命で動いているような集団だ。

ポジションにかかわらず、全員が有機的に連動してボールを前に運ぶことのできるチームは、ディフェンスに回ったときにも堅い守りをする。意思の疎通が、言葉やアイコンタクト、状況ごとの約束事（フォーメーション）によって築かれているからである。

強いチームにコミュニケーションの悪いチームはない。それはスポーツもビジネスも同じである。

チームが有機的に動くには、コミュニケーションが不可欠である。チームにお互いの理解、信頼関係が重要なのは、それがコミュニケーションのベースとなるからだ。そして、お互いの理解、信頼関係を深めるにも、コミュニケーションが大きな役割を果たす。

上司にとってコミュニケーションは、時間があるときに行うという余技的な位置づけではなく、時間をつくって積極的に行うべき重要な仕事のひとつである。望ましいこと(Desirable)ではなく、やらねばならないこと(Must)である。この差はとてつもなく大きい。

## コミュニケーションの原則

部下と雑談を交わしていると、何年も前のひどく些細なことを実によく覚えているものだと感心することもあれば、あれほど何度も話しているのに、まったく理解していないことに驚かされることがある。

上司が伝えたつもりでいたのに、部下には伝わっていないというのは、よくあることだが、よくあることで済ませてはいけないことでもある。コミュニケーションが十分に機能していないということは、チームにとって重大問題だからだ。

コミュニケーションが不具合を起こす背景にあるのは、コミュニケーションの原則に対する無理解である。日本人は、とかくコミュニケーションを軽視する風潮がある。コミュニケーションを時間があったらやることと位置づけているのも、その風潮から来る。

コミュニケーションは重要な仕事なのだ。時間があったらやるのではない。時間をつくってやるべきことである。仕事である以上、責任の所在は明確でなければならない。結論から言えば、部下に伝えたつもりが伝わっていなかったときの責任の所在は、上司のほうにある。

伝えるべきことは、伝わるまで伝えなければいけない。

## コミュニケーションは発信より受信が肝心

コミュニケーションで唯一大事なことは、上司が何を言ったかではなく、実際に部下に何が伝わったかということである。したがって上司のコミュニケーションは、部下にきちんと伝えるべきことが伝わるまで、済んだことにはならない。

概して強いチームでコミュニケーションがよいのは、お互いに同じ価値観、問題意識を共有しているからで、価値観、問題意識の共有ができているチームは、言葉の受け止め方や求められる行動の判断に大きな齟齬《そご》が生じない。

同じことを伝えても、マインドの高い部下と低い部下では異なった意味に理解する。わかっていないと部下を叱る前に、上司は部下のマインドの状況に応じて、伝え方を変えることを心がけるべきである。人を見て法を説けというが、同じ言葉が相手のマインドの違いによって、異なった解釈をされるということは珍しくない。

## 九度の繰り返しはくどいが、コミュニケーションの原則は八度の繰り返しにある

コミュニケーションがうまく機能しない背景には、お互いのマインドの違いの大きさがある。

サッカーでいえば、戦術の理解、技能、体力がチームメンバーで揃っていないと、いるべきところに人がいない、いなくてよいところに人が集まっているという現象となる。こういうチームでは、チャンスを生かせずピンチを拡大させる。

強いチームをつくるには、普段からマインドを高めることを意図したコミュニケーションをとる必要がある。そのために大事なことは繰り返すことだ。

英語には〝Communication is repetition.（コミュニケーションとは反復である）〟という表現がある。九度の繰り返しは文字通りくどいとしても、八度の繰り返しは必要なのである。もし八度繰り返して浸透しないときは、躊躇なくさらに繰り返してよい。

そもそも人は、伝える側と伝えられる側では大きく立場が異なるのだ。

アメリカの心理学者アルバート・メラビアンの提唱した「メラビアンの法則」がある。メラビアンによると、コミュニケーションで人にインパクトを与える割合は、「見た目」（55％）と「話し方」（38％）合わせて93％で、「話の内容」は7％という説である。どんなに話の内容がよくても、見た目や話し方が悪いと聴き手に与えるインパクトは、わずか7％しかないのだ。

「話し下手では話にならぬ」ということになる。

伝える側は、話の内容だけに集中しているが、それを聞いている側は、話の内容よりも話し手の表情や仕草、声の質や大きさに関心が集まる。コミュニケーションとは、こういう現実の下で行わなければならないのだ。ないものねだりをしてもはじまらない。

コミュニケーションで話し方の工夫や繰り返しが必要になる理由は、「メラビアンの法則」だけではない。

「エビングハウスの忘却曲線」という有名な実験結果がある。ドイツの心理学者ヘルマン・エビングハウスの実験の結果、人の記憶は20分後には56％失われ、1日後は74％、1週間後は77％、1カ月後は79％が失われる。

20分後には半分以上失われているのだから、重要なことはミーティングの最後に念を押すだけでは足りず、たとえくどいと思われようとも、その後に繰り返し伝えることが必要なのだ。最低でも3回の繰り返しは必要である。4回、5回となると相手はウンザリして、四の五の言うなと開き直ってしまう。

人間とはそういうものである。

## アメリカ人は明示知、日本人は暗黙知の文化

もうひとつコミュニケーションで大事なことは情報の伝え方だ。情報には、明示知で伝える方法と暗黙知で伝える方法がある。明示知とは論理や数字などの誰が見ても、聞いても同じ意味になる情報である。

一方、暗黙知とは組織固有の文化から生まれた情報で、同じ価値観を持っていないと意

味が通じないものだ。暗黙知とは暗号、符牒のようなもので、部外者には理解できないことが多い。ビジネス上のコミュニケーションは、明示知で行うことを基本とすべきである。暗黙知はあくまで補助的手段である。10年同じ釜の飯を食わなければ、意思疎通ができないような暗黙知でコミュニケーションをとっていたのではビジネスにならない。

また、明示知の指示・命令はできたか、できなかったかの結果も明確に示される。明示知の代表である数字は、結果を評価するときにも誰が見てもはっきりとわかる。正確に伝えるためには、まず明示知であること、次に伝わったことを確認すること。

そして忘れることを前提に、くどいと思われようとも八度は繰り返すこと、これがチームのコミュニケーションを機能させるための原理原則である。

## ゆとり、さとり世代とどう付き合うか

世代（Generation）には30年という意味がある。世代というのは、30年ごとにバトンタッチされるということだ。因に10年は（Decade）である。

しかし「ゆとり」とか「さとり」というネーミングは、30年どころか毎年のように登場

する。それほど急激に人が変わることはないにもかかわらずである。

ゆとり世代とは、文部科学省が進めた「ゆとり教育」で育った世代ということだ。20歳代半ばから30歳代前半がその世代ということになる。概して言われたことしかやらない、自分で考えようとせずに教えられることを待っているという受け身型の世代とされている。

さとり世代というのは、年齢的にはゆとり世代と同じ。さとり世代は万事に欲がなく、あまり積極的にリーダーシップをとらないといわれている。

さらに最近では、「つくし世代」というのもいるらしい。

つくし世代のつくしとは、他人につくすということだ。周囲に気を使い、つくすためつくし世代という名が付いた。周囲との軋轢《あつれき》や争いを好まない世代である。

## いまいる部下をあてにせよ

○○世代といいながら、ゆとり、さとり、つくしは、ほぼ同じ年代の若者たちだ。同世代なのに3つに分かれること自体、ひどく矛盾に満ちているように見える。こうして若者をタイプ別に分類することにどんな意味があるのだろうか。

毎年ごていねいに新卒の新入社員をタイプづけし、タイプに応じた名前を冠している人もいる。2019年の新入社員は「呼びかけ次第のAIスピーカータイプ」（産業労働調査所）だそうだ。

私がJ&Jの社長を務めていたときの新入社員は、新人類と呼ばれていた。当時の新人類たちは、いまや立派（？）な旧人類である。

人間というのは成長に時間のかかる動物だ。○○世代とステレオタイプ的にレッテルを貼る前に、もう少し長い目で見てやってもよいように思う。

新人類がそうであったように、ゆとりもさとりもつくしも、ビジネスの現場で磨かれ、鍛えられ、一流のビジネスパーソンになっていく。

いかなる世代の若者たちであっても、人間としての本性は同じだ。1万2000年前の人間と令和の今日の人間の本質は何も変わっていない。任せられれば発奮するし、失敗すればそこから何かを学ぼうとする。

上司は、部下と世代が異なるくらいで動揺してはいけない。これからは世代どころか、国籍も文化も異なる部下とチームを組み、ビジネスをしなければならない時代である。アメリカ人だから、中国人だからと言っている暇などない。

彼らも、我々同様にビジネスの現場で磨かれ、上司とともに育っていくのだ。

また、日本はこれから急激な人口減少社会に向かう。人口減少は、国内市場の縮小を意味する。日本が、過去に高度成長を成し遂げた成功モデルは人口1億2000万人が基準だ。日本の成功モデルは量の拡大だった。

縮小する市場ではもう量は期待できない。量から質へ変わらなければいけないのだ。付加価値の時代である。長い時間働いて量を供給することから、市場が求める質に軸足を置くことが求められる。

こうした質の追求には、むしろ「ゆとり」「さとり」「つくし」世代の感覚のほうがビジネスに向いているかもしれない。

ゆとり、さとり、つくし世代も、上司が仕事を任せ切れば、きっとよい仕事をするはずである。そして、そのときはもう誰も彼らを世代で呼ぶことはなくなるだろう。彼らはプロフェッショナルと呼ばれるからだ。

## できる上司が陥りがちな罠

できる人は、とかくできない人の気持ちがわからない。自分は何でもできるから、できない人のことがわからないのだ。人間は本来自己中心（自己チュー）的な動物である。

“Man is am essentially self-centered animals.（人間とは、本来自己中心的な動物である〈オスカー・ワイルド〉）”という言葉がある。

できない理由を聞いても、自分にはそんな経験がないから、親身に相手の話を聞くことも難しいし、共感することはもっと困難である。

そういうできる人が、そのまま上司になると部下を育てられない。のみならず、周囲にイエスマンばかりを置くようになる。できる人は実力があるから、部下が黙ってついて来るのは当然と考えるし、一部の部下がお追従やお世辞ばかり言ってきても、それは自分が優秀で正しいことをしているからだと思う。

周りをイエスマンばかりで固めてしまうと、最も重要な情報であるバッドニュース（悪い情報）が遮断されてしまう。入って来るのは、賞味期限切れの「後追い加工情報」ばかりとなる。その瞬間から上司は「裸の王様」となる。イエスマンは内なる敵、それも破壊力のある強敵である。人の気持ちを理解するには、相手の気持ちになって考えることだ。

これを英語では、相手の靴をはく“Putting oneself in the other person's shoes.”と表現する。

## 思わぬ反旗

だが、言うは易く行うは難し。日本を代表する名経営者のひとり稲盛和夫氏も、京セラ創業時には痛い思い出があったという。

世界一のセラミック会社を創るという理想と情熱の下、文字通り寝食を忘れて仕事に没頭していた稲盛氏だが、あるとき若い社員たちから労働争議を起こされた。彼らも稲盛氏の理想を共有していたが、そこには大きな温度差があった。

若い社員にとっては、現実の生活や将来の安定が必要だ。そこで彼らは社長である稲盛氏に賃上げと待遇改善を要求し、ストを打つと迫ったのである。

団体交渉は深夜に及び、稲盛氏はいまの会社では要求をすべて満たすことはできないが、会社が成長したら必ず約束は守る。もし守らなかったら「オレを刺してもいい」と血を吐くように訴えた。そこで交渉は妥結するが、稲盛氏はここから自分にとっては夢がすべてであっても、若い社員は違う。彼らをわかっていなかったことに気づき、利他の経営に舵を切る。

# できる上司は部下の異見、異論を奨励せよ

人の気持ちを知ろうとするなら、どんなに自分に自信があろうとも、いやむしろ自信があればあるほど、部下の反論、異見、異論に積極的に耳を傾けるべきである。

反論、異見、異論に耳を傾けることで視野を広げることができるし、部下の異見、異論を取り上げることで部下の成長機会をつくることにもつながる。

黒田官兵衛は、豊臣秀吉の軍師として活躍した後、福岡藩（黒田藩）の藩主となった。天下を取れる才覚だったと評価も高い。福岡藩は徳川幕府になってからも、改易《かいえき》（大名の左遷、藩の取り潰し）もなく幕末まで何百年と続いた。その礎となったのが「異見会」だったといわれる。異見会とは、藩主に耳の痛いことを言う会である。物申す会なのだ。

異見会とは、身分に関わりなく物申す場であるから、藩主である官兵衛といえども異見や反論は認めなければならない。官兵衛は認めるどころか歓迎して奨励した。

黒田官兵衛は天下の大才である。だから官兵衛は、あえて誰の異見でも聞こうとしたのである。大才の弱みを知っていて、その逆を行ったのだ。

## ダメな上司の8カ条

上司となった以上は、誰しもよい上司でありたいと思うものだ。

では、よい上司とは具体的にどんな上司か。よい上司像を追求することは大事だが、その前に決して悪い上司、ダメな上司にならないことがより大切である。

人は聖人になろうとすれば困難を極めるが、せめて悪人や罪人にならないことはやろうと思えば誰にでも可能だ。

だから、よい上司になろうとするなら、まず悪い上司、ダメな上司にならないことからはじめるべきである。

では、ダメな上司とは具体的にどういう人なのか。私の体験から描いたダメな上司像を紹介しよう。

1．ヤタラに肩書を欲しがる

皮肉な言い方をすれば、肩書を欲しがる人は自分の実力に自信がない人である。自信がないから肩書や看板に頼るのである。

いわば肩書にこだわる人は、実力がないことを自ら告白しているようなものだ。人は実力で勝負しなければいけない。

2．部下に威張り散らす

部下に威張り散らす上司というのは、肩書だけではまだ不安なため、自分はエライと部下に対して懸命にアピールしているのだ。

その人がエライかどうかは、周囲の人が決めることで本人が決めることではない。懸命に自己アピールに努める上司では、部下は信頼もしないし尊敬もしない。

3．自分だけしゃべり続ける

神様は人に耳はふたつ、口はひとつ与えた。人の話を聴くことがしゃべることの倍は、話を聴くことが天命であるからだ。しかし、ダメな上司は人の話は聴かずに自分のことばかりしゃべりたがる。口の数が耳の数よりも多いというのは、人として異形といわざるを得ない。

上司は巨耳細口が基本だ。巨口細耳ではいけない。巨口無耳となると救いようがない。

4．フットワークが鈍い

上司なんだから自分のデスクにでんと構えているべきだ。上司から部下のところに出向くようなことをしたら軽く見られる。こう思っている人は、今日でも意外に多い。

ビジネスは、機会をとらえて迅速に行動することで勝負が決まる。危機を感じたときにも、速やかな対応ができるかどうかにダメージコントロールの肝がある。

自分のメンツや沽券《こけん》ばかり気にして、現場とのコミュニケーションを疎かにするような上司では仕事の結果も期待できない。

## ちいさなことでも上司は見られている

５．任せ切ることができない

部下に仕事をやらせると、出来も悪いし、時間もかかる。だから自分でやったほうが早いし安心だ。こう言ってはばからない上司は、部下への愛をはき違えている。

部下の代わりに上司がやってくれるなら、部下としても一時的には歓迎だが、やがて自分の成長機会が上司に奪われていることに気づく。

愛する部下からチャンス泥棒と非難されたくなければ、任せ切ることに耐えるべきだ。「経営とは忍耐である」という言葉もある。

６．責任転嫁をする

部下に仕事を任せたら、部下にはその仕事を成し遂げる実行責任と結果責任がある。

一方、任せた以上は、上司も結果については責任を負わなくてはならない。

上司は部下の結果に対して無責任であることは許されないのだ。したがって失敗を部下のせいにするなど上司として許されない。部下への愛に欠け、責任感にも欠けた二欠の人間であってはならない。

7．公私の区別が下手

部下に食事をごちそうした後、こっそり領収書を取っている上司のことは部下はしっかり見ている。せっかくのごちそうも会社の金を使っていたのでは効果半減である。部下の信頼を得るには、思い切って自腹を切ることも大切だ。ケチな上司に部下はついて来ないし、決して尊敬されない。

こういう上司に限って自分の家の引っ越しなど、私用に平気で部下を使う。外国人では、国にいる家族への連絡に会社の電話を使い続け、本人の給与以上の電話代を会社に押し付けた者もいた。

8．時間にルーズ

チームのミーティングや会議に一番遅れてくる上司がいる。みんなが揃ってから現れることが威厳を示すことで、早く来ては軽く見られると悲しい錯覚に取り付かれている。本人に重みがあるかどうかは、会議で最後に席に着くことで決まることではない。こうした見せかけだけの振る舞いに関心が行くようではナイーブ（幼稚）でチャイルディッシュ（子供じみた）というしかない。

# 第3章

## 部下道——上司の上司道　部下の部下道

## 世界で最も自分自身に満足していない日本の若者

内閣府が「今を生きる若者の意識～国際比較から見えてくるもの～」と題して日本、韓国、アメリカ、イギリス、ドイツ、フランス、スウェーデン七カ国の若者意識調査の結果を発表した（左ページの表参照）。

日本の若者は諸外国に比べ、自己肯定感に乏しく、チャレンジ精神でも一歩劣る。積極的に何かに打ち込む姿勢も弱く、将来についても概してあきらめムードで、閉塞感に悩んでいる。ただ、社会規範はきちんと守り、自国のために何か役に立ちたいという気持ちでは諸外国にひけをとらない。

ゆとり、さとり、つくしという世代像を反映しているようにも見える。

満足ではないが、どうすればよいかわからない。ルールは守るし、社会には貢献したいと考えているが、行動に移せていない。

いまあなたの会社にいる若い部下たちも、概ねこのような暗中模索状態の中にあるといえるだろう。

自分自身に満足している

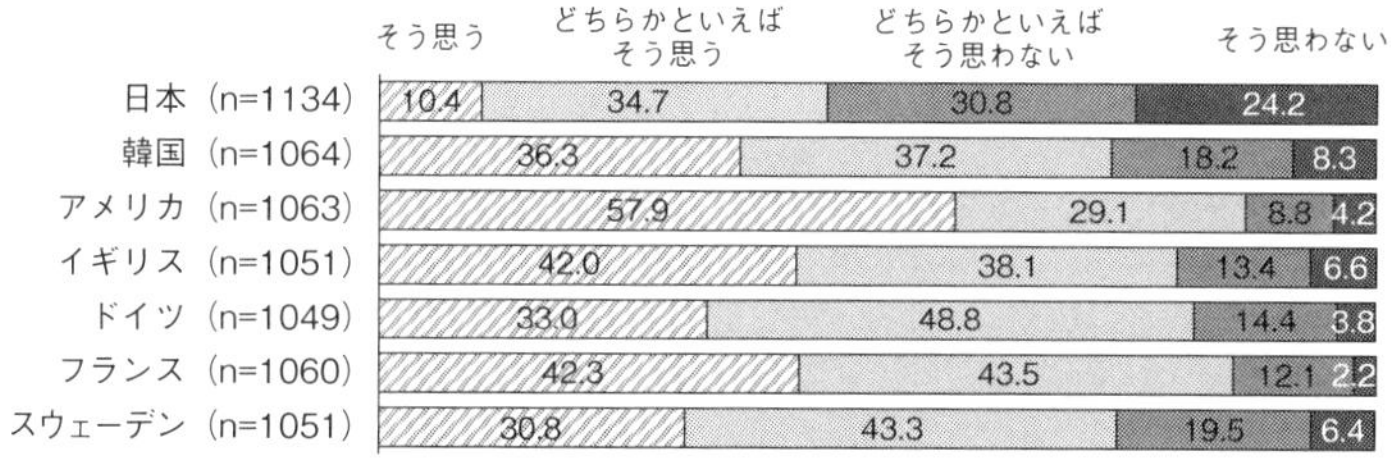
そう思う
どちらかといえば そう思う
どちらかといえば そう思わない
そう思わない
日本 (n=1134) 10.4 34.7 30.8 24.2
韓国 (n=1064) 36.3 37.2 18.2 8.3
アメリカ (n=1063) 57.9 29.1 8.8 4.2
イギリス (n=1051) 42.0 38.1 13.4 6.6
ドイツ (n=1049) 33.0 48.8 14.4 3.8
フランス (n=1060) 42.3 43.5 12.1 2.2
スウェーデン (n=1051) 30.8 43.3 19.5 6.4

いかなる理由があっても約束を守るべきだ

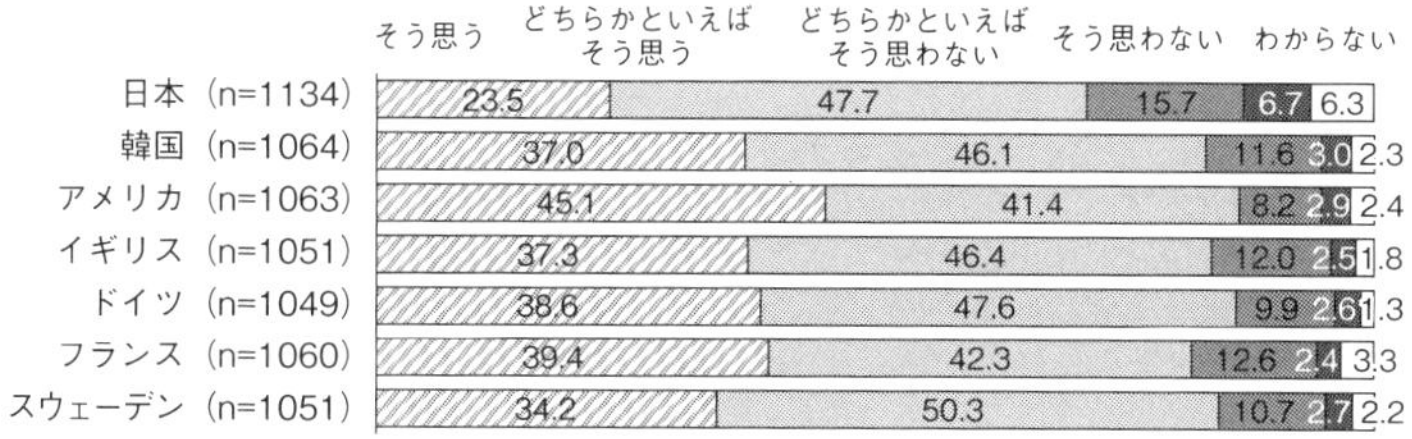
そう思う
どちらかといえば そう思う
どちらかといえば そう思わない
そう思わない
わからない
日本 (n=1134) 23.5 47.7 15.7 6.7 6.3
韓国 (n=1064) 37.0 46.1 11.6 3.0 2.3
アメリカ (n=1063) 45.1 41.4 8.2 2.9 2.4
イギリス (n=1051) 37.3 46.4 12.0 2.5 1.8
ドイツ (n=1049) 38.6 47.6 9.9 2.6 1.3
フランス (n=1060) 39.4 42.3 12.6 2.4 3.3
スウェーデン (n=1051) 34.2 50.3 10.7 2.7 2.2

将来に希望がある

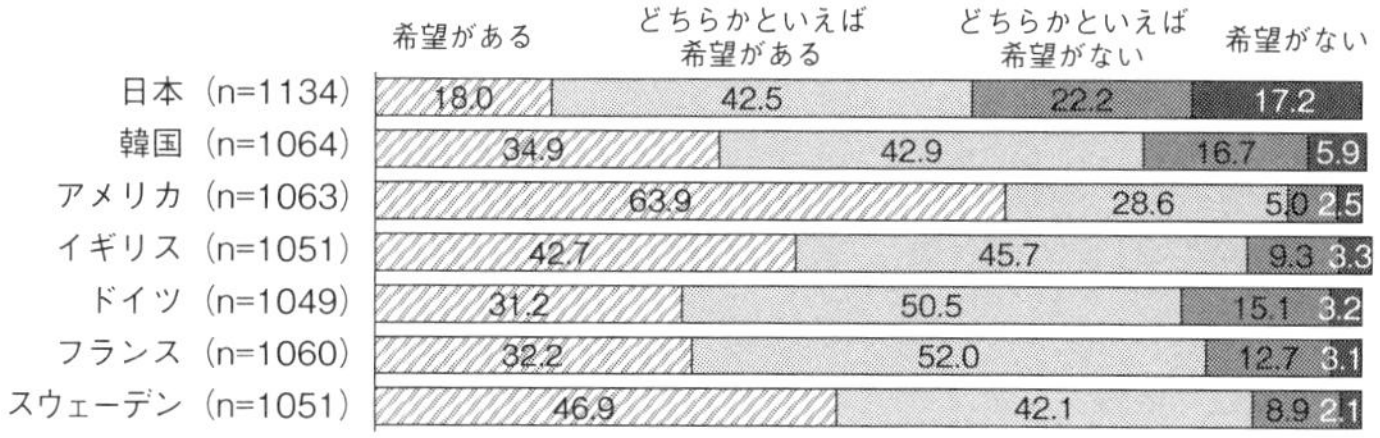
希望がある
どちらかといえば 希望がある
どちらかといえば 希望がない
希望がない
日本 (n=1134) 18.0 42.5 22.2 17.2
韓国 (n=1064) 34.9 42.9 16.7 5.9
アメリカ (n=1063) 63.9 28.6 5.0 2.5
イギリス (n=1051) 42.7 45.7 9.3 3.3
ドイツ (n=1049) 31.2 50.5 15.1 3.2
フランス (n=1060) 32.2 52.0 12.7 3.1
スウェーデン (n=1051) 46.9 42.1 8.9 2.1

職場に満足している

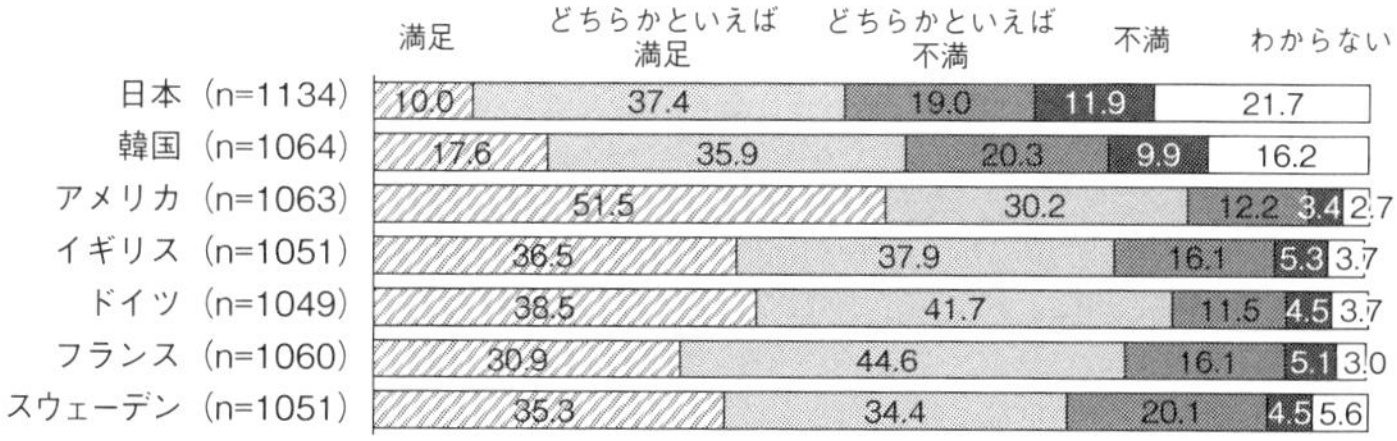
満足
どちらかといえば 満足
どちらかといえば 不満
不満
わからない
日本 (n=1134) 10.0 37.4 19.0 11.9 21.7
韓国 (n=1064) 17.6 35.9 20.3 9.9 16.2
アメリカ (n=1063) 51.5 30.2 12.2 3.4 2.7
イギリス (n=1051) 36.5 37.9 16.1 5.3 3.7
ドイツ (n=1049) 38.5 41.7 11.5 4.5 3.7
フランス (n=1060) 30.9 44.6 16.1 5.1 3.0
スウェーデン (n=1051) 35.3 34.4 20.1 4.5 5.6

内閣府「我が国と諸外国の若者意識」2018年

## 仕事に対する意欲よりも不安が先行

職場に対する満足度は、欧米に比べてアジアの二カ国は相対的に低いが、日本が最下位なのはなんとも歯がゆいばかりである。

おそらく多くの日本の若者は、仕事とはつらいもので、会社とは上司の顔色をうかがいながら、失敗せずに無難に過ごすべきところと考えているのではなかろうか。

この意識調査を見る限り、仕事は自由に楽しくやり、仕事を通じて人は成長するものとは想像もしていないようだ。ロードーは後述するように「労働」「牢動」「朗働」の3種類がある。職場の上司については、牢獄の看守のような存在で、共に大きな目標に向かって進む同志とは似ても似つかない。

人は仕事を通じて人としても成長し、人生を実りあるものとする。

この働くことの原理原則を知らないまま、あるいは見失ったまま人生を送るのは、本人にとって不幸であることはもちろんだが、周囲の人にとっても不幸である。ひいては会社も不幸である。

いかなる仕事も極めれば、必ずいままでは感じなかった楽しさを感じ、いままで見えなかった景色が見えてくる。仕事はすべからく朗働であるべきだ。

## 時代を超えた真実！　部下には4種類ある

よい部下とは、上司にとってよい部下ばかりとは限らない。

よい部下とは、会社の方針や大目標の実現に貢献する部下であって、上司との相性でよい部下、悪い部下が決まるわけではない。上司と相性のよくない部下であっても、会社と上司にとって必要な部下はよい部下である。

気に入らないところもあるが、自分の部や課、さらには会社にとって必要な部下というのは私の下にも何人かいた。私の上司からすれば、私もそういう部下のひとりだった時代があったかもしれない。

部下道とは、会社と上司にとって必要な部下となる道といってよいだろう。

およそ部下には次の4種類の型がある。

1　言われたことができない部下（落第型）

人事評価のランクからいえばC評価の部下である。上司の指導の仕方や育て方にも問題はあるかもしれないが、落第型に陥っては部下として失格である。

上司から言われたことができないという原因は、①上司の言うことを正しく理解していない、②言われたことをやるだけのスキル（仕事力）がない、③言われたことをやろうとするウィル（意欲）がないのいずれか。または、これらの複合的組み合わせ型である。

このうち③は部下道の風上にも置けない部下失格者だが、上司との人間関係が悪く、意欲を失っているケースも多い。後述する上司との人間関係のつくり方や上司マネジメントを参考に落第型から這い上がってほしい。

①上司の言うことを正しく理解していないに心当たりのある人は、上司から会社の方針、戦略、部や課の目標を再度説明してもらい、その上で個人目標を再確認してみることだ。

②に該当する人の解決策は、経験を積むと同時に、スキルトレーニングに打ち込み腕を磨くことである。

2　言われたことはやれる部下（受け身型）

上司から言われたことは一応できる。しかし、上司から言われるまで動き出さない、言葉を換えれば、上司に仕えているだけでこと足れりとしている部下でもある。

いわば下請け的な仕事しかしないということだ。指示待ち族である。

上司からすればCランク評価の困った部下ではないが、A評価は付けられない物足りなさが残るB評価の部下である。

3　言われたことにプラスアルファを付ける部下（付加価値提供型）

上司から言われたことに、ひと手間、ひと工夫を加え、仕事の品質をワンランク上げることのできる部下は、付加価値提供型の部下といえる。人事評価のランクとしてはAを付けられる部下だ。

付加価値提供型の部下は、上司にとっては安心して仕事を任せられるありがたい存在であるとともに、会社にとっても貢献度が高い。

受け身型の部下が「受動型の下請けタイプ」とすれば、付加価値提供型の部下は「能動型の提供タイプ」ということができよう。

## 部下にも必要なリーダーシップ

4　自ら仕事を創ることができる部下（率先垂範型）

会社の戦略、部署の目標の意味をよく理解し、そのためにどうしなければならないかを考え、実行できるタイプの部下である。

単に上司から言われたことをやるだけでなく、必要とあれば、上司が気づかない点を補い、必要な仕事を提案できる部下が率先垂範型の部下といえる。

自分の頭で考え、自ら仕事を創造して、それに取り組むことが、いうならば仕事の醍醐味であり、受け身ではなく主体的な仕事をしてこそ、ビジネスマンとしてやりがいを覚えることができる。

仕事を通じて人生が広がり、自分も成長するというのは、こういう創造的な仕事をすることが条件だ。

本人が、目標や戦略をよく理解しているのみならず、チーム全体の目標達成意欲を高め、広げ、周囲を鼓舞してチームを前進させる力も率先垂範型に必要な能力だ。

率先垂範というのは、リーダーシップに求められる要素でもある。つまり、率先垂範型の部下というのは、言葉を換えれば「リーダー型の部下」となる。

部下にもリーダーの能力が必要かといえば、もちろんＹＥＳ！ だ。

ひとつの仕事を担当すれば、外部の仕入れ先や社内の調整、生産計画からマーケティングまで主体的に取り組まなければならない。

たとえ部下のいない立場であったとしても、仕事にかかわる人々に対してはリーダーシップを発揮しなければよい仕事はできない。

リーダーシップは上司、部下に限らず、たとえ新入社員といえども求められる、ビジネスマンに必須の能力であり、自ら仕事を創造しチームをけん引し、上司を補佐することのできる部下が、部下道の目指す最高の部下像でもある。

## 優れた上司は優れた部下である

多くの部下はやがて上司となる。優れた部下とは、前項で述べたとおり「リーダー型」である。リーダー型で仕事をする部下が、上司になったときも優れた上司となる。

私が課長、部長を務めていたシェル石油、日本コカ・コーラ時代の部下でも「こいつはできる」と見ていた部下は、その後、例外なく課長、部長、役員とポジションを上げ、ポジションにふさわしい活躍をしていった。

優れた部下は、やがて優れた上司になる。これは至極当然のことである。有り体に言うと上手に人に使われることができない人は、上手に人を使うこともできない。汗をかき涙したことのない人は、心がわからない。

一方、優れた上司は、同時に優れた部下でもある。

会社という組織で、上司のいない人はひとりしかいない。社長である。課長には部長がいるし、部長には役員がいる。常務には専務が、副社長には社長がいる。しかし社長だけには上司がいない。ときに会長という存在もあるが、上司がいないということは、結果に対する最終責任（アカウンタビリティ）を一身に負うということだ。しかも困ったときに「助けてくれ！」と頼る相手がひとりもいない。ストレスが高じる。それが組織の中で社長だけが孤独から逃れられない所以《ゆえん》でもある。

逆説的にいえば社長以外には必ず上司がいるということだ。

優れた課長は、部長にとって優れた部下でなければならない。優れた部長は、常務や専務にとって優れた部下である。

優れた上司は優れた部下であり、優れた部下は同時に優れた上司でもある。部下も、上司も、そういう二面性を持っているのだ。

## 上司として部下として難題の海外拠点を設立

ある大手メーカーの社長が部長時代の話である。彼の会社では早くから海外に進出していたが、アジアのある地域には工場がなかった。彼は上司である役員から、かの地に生産拠点をつくるよう命じられ、部下の中から、力はあるが自頼心が強くリーダーとしてチームを生かしきれない傾向のある男をあえて選び、彼に工場建設の陣頭指揮を任せることとした。言葉も文化も異なる海外では、自分の力だけでは何一つ進めることができない。日本国内では人一倍自信家である彼の部下も、あまりに物事が進まないことに弱音を吐いた。その弱音はさまざまな形で本社に伝わってきたので、役員は、現地の責任者を交代してやるべきではないかと何度も彼に相談してきた。

彼は、役員の話にていねいに応じつつも、現地で苦闘している男にとって、会社にとって未踏の地に工場を建設するという仕事を成し遂げることが、男の成長にとって欠かせない体験であるということを、男の上司として、自分の上司である役員を説得した。

いまこの男を本社に戻し、誰か現地に通じた経験の豊富な人物を外部から登用し、代わりに派遣すれば工場の建設は早まるかもしれないが、ひとりの有為の人材をつぶしてしまう。それは生産拠点を失うのと同じ、あるいはそれ以上の損失である。

彼は見通しなく、現地にいる部下に期待していたわけではない。

部下は一皮むければ必ずこの難しい仕事をやり遂げると、彼は部下の力と結果を確信していた。部下にはそれだけの潜在的能力がある。

いま彼を交代させることは、長期的には彼の成長と会社のためにマイナスであり、さらには海外工場の建設にとってもマイナスとなることを訴えた。

アジアのある地域に生産拠点を設けるという戦略の実現が、役員にとっての当面の目標である。いまその目標の達成に、最も近づいているのは現地で弱音を吐いている男に他ならない。彼は上司である役員に対し部下として貢献することと、現地の部下に対し上司としてチャンスを与えるというふたつの役割を同時に行っていたといえよう。

## 同じタイプの人の群れからは付加価値は生まれない

人間である以上、上司と部下にも相性がある。相性のよい上司に巡り合うことができれば、チームで働くものにとっては幸運である。だが、世の中は幸運ばかりが転がっているわけではない。では、運悪く相性の悪い上司の下についたときにはどうすればよいか。

最悪は辞めるという選択になるが、辞める決断をする前にいくつかやるべきことがある。

部下には4種類あると前述したが、どのタイプであれ、自分が上司になると部下には自分と同じタイプの行動を求めたがる。

受け身型の部下だった人を上司にすることは望ましくないが、そういう人が上司になることも現実には少なくない。受け身型だった人が上司になると、やはり受け身型の部下を好みがちとなる。

業績至上主義の人が上司になると、部下を育てることには関心が薄く、短期の自分の手柄とするために部下にも業績、それも目先の業績を求めたがる。付加価値提供型の上司は、部下にも付加価値を求め、リーダー型の人は部下にもリーダーシップを発揮することを期待する。正に"Birds of a feather flock together.（類は友を呼ぶ）"である。人は自分と同じタイプの人間と群れたがるものだ。だが、同じタイプの人の群れからは付加価値は生まれない。ちょっと下手をすると、単なる仲良し集団で終わってしまう。

## 君、君足らずといえども臣、臣たるべし

リーダー型の部下が、部下時代は受け身型の部下だった上司の下についたときは、どうなるだろうか。

リーダー型の部下は自ら行動を起こし、周囲を巻き込みながら会社の理念の実現、部門や課の目標達成に動く。こうした行動は安全運転を好む受け身型上司の目には、勝手な行動ばかりして困ったやつと映る。

部下にしても、いちいち些細なことにまで口を出してくる上司を疎ましく感じるはずだ。もし、幸いにして部下が成果を上げていたとしても、お互いの心の距離は遠くなるばかか

りである。こういうとき、部下はどうすればよいだろうか。

「君、君足らずといえども、臣、臣たるべし」という言葉がある。

主君に、主君としての才も徳もなかったとしても、臣下は臣下としての忠誠を尽くし、主君を適切に補佐するという務めを果たさなければならないという意味だ。

極《ご》くかみくだいて言えば「上司はお粗末でも、部下の自分はシッカリと仕事をする」ということだ。

自分が不幸にして受け身型を好む上司の下についてしまったとしても、上司を時代遅れ、能力不足のボンクラと否定するのではなく、部下として、チームのリーダーたる上司がその役割を果たせるよう補佐する方法を考えるべきである。

私にも相性の悪い上司の下についた経験が何回かある。

そのとき私は、チームの誰よりも早く職場に着き、チームの誰よりも明るく楽しげに仕事をして、誰よりも細かく報告・連絡・相談を行った。私はチーム全体を巻き込んで、上司の補佐に力を尽くしたのである。

チームの業績も上がり、その結果、上司も私を尊重（リスペクト）し、私も上司を認める関係を築くことができた。双方にとってまさにウィンウィンの歓迎すべき状況である。

そもそも相性とは先天的なもので、終生変わることはないかもしれないが、お互いを尊重し合うことは意識すればできる。

お互いを尊重し合うという関係は、お互いを認め合うという関係である。お互いを認めるとは、相手のよい点を見ようと努める「美点凝視」の努力に加え〝Agree to Disagree（不同意に同意する）〟ことである。お互いの違いを認め合った上で一致点を探し、共に共通の目標に向かって進むという上司と部下の基本的な関係でもある。

## 「上司はお客さまである」が部下の基本動作

品質管理の基本に「次工程はお客さま」というものがある。ラインからラインへ、工程ごとに製品が移るときに、次の行程をお客さまと思って、次の行程の作業者が作業しやすいように、気配り、目配り、心配りし、ひと手間かけることで、不良率は格段に下がるという。

次工程はお客さまというのは、工場内のことだけではない。

首都圏の県警本部の元刑事に聞いた話だが、できる刑事とは犯人を逮捕するだけでなく、次工程である検察官が、処理しやすいように調書を整えることのできる人をいうのだそうだ。警察にとって次工程とは検察である。

部品を製造するときには、組み立て工程のことを考え、組み立てのときには、出荷作業のことを考え、出荷するときには、運送業界が運びやすいように工夫する。

最終的なお客さまは消費者だが、消費者の手に届く前に、途中には何人ものお客さまがいるということを意識できるのが一流のビジネスパーソンだ。いわば、次工程のお客さま満足度を高めることのできるビジネスパーソンということである。

## ＢＳ（ボス満足度）を高めよ

部下は上司の指示命令で仕事を行う。組織の原則である。

したがって部下は上司に報告する義務があるし、上司の決裁を必要とすることもある。報告は仕事をした後の行程であるし、決済もプランニングの後には欠かせない工程となる。

すなわち、このときの次工程のお客さまとは上司だ。

報告書や決済の申請書は、「上司満足度（Boss Satisfaction）」の高いものであることが理想である。

このときの上司満足度とは、ご機嫌取りや追従の類とは全く異なる。それは上司をお客さまと考えれば、自ずとわかるはずだ。

もし、お客さまの望む商品がなかったとき、あなたはごまかしやお世辞で取り繕おうとするだろうか。率直に品切れを詫びる、あるいはそもそも存在しない商品であるなら、その旨をはっきりと告げ、代替できる商品を紹介するはずである。

## 部下は上司のコンシェルジェ

指示命令された仕事を完遂できていなければ、その理由を正直に告げ、どうすればできるか、いつまでなら可能か、何が不足しているかを適切に報告してこそ、上司満足度の高い報告といえる。

上司の決裁をもらうときも、データ重視の上司にはデータ資料を厚く、前例重視の上司には似たケースの前例を資料に添えることはＢＳ（ボス満足度）の基本である。

もし、上司が現場の事情に疎いという場合は、部下が上司のコンシェルジェになって誘導することも必要だ。

家電の性能は日に日に新しくなっており、消費者にはそれに追いつけない人もいる。家電ショップでは、そういうお客さまのために「家電コンシェルジェ」を置いている。お客さまの用途に合わせ、最適な性能の商品を案内するのが家電コンシェルジェの役目である。

これもお客さま満足を果たすためのサービスである。

部下は、ときに上司のコンシェルジェにもならなければいけない。上司を「神さま扱い」するのではなく、ましてや「厄介者扱い」するのでもない。「お客さま扱い」することである。

## 上司との正しい向き合い方

結論から述べると、上司との正しい向き合い方には3つの原則がある。3原則とは、1が「美点凝視」、2が「積極傾聴」、そして3が「7分の賛辞と3分の直言」である。

相性とは英語で"Chemistry"という。人の相性（ケミストリー）とは化学反応だ。お互いの個性がぶつかり合って有益な生成物が生まれて、はじめて「相性がよい」といえる。必ずしも人間としての好き嫌いだけのことではない。好みや価値観が違っても、目標の共有化ができて、よい結果が出せるなら相性はよいのだ。「相性は愛性」である。

そもそも、好みや価値観にばかりこだわってしまうのでは、一流のビジネスパーソンとはいえない。違いを乗り越えて、お互いによい仕事をするのが一流である。

そのためには、まず自分が絶対に正しいとは絶対に考えないこと。次に上司が価値観の異なる人であっても、相手に深い関心を持ち、相手のよい点を探し出しそこに注目することだ。

つまり美点凝視である。価値観に違いはあっても、相手に美点を認めることができれば、そこを足掛かりに一歩、二歩、相手のほうへ歩み寄ることができるはずだ。

人は自分を認めてくれる人を認めるという生きものなのだ。

## 積極傾聴の姿勢が基本的な態度

私の経験でも、上司を全力で補佐するときに、自分のほうがマーケットの知識がある、自分のやり方のほうが正しいという自負が、心の中にはあったとしても、まず上司の考え方、やり方のよさは何かを探すように努めた。

上司の美点に注目し、上司の考えややり方のよさを発見することで、それは自分のプランを補完することにも役立つ。

次に、絶対に守るべきことが「積極傾聴」である。門の中に閉じ籠《こも》って耳だけで「聞く」のではない。門を取り払って、耳と心と目を使って聴くのだ。

相手の話に、強い関心を示しながら耳を傾ける姿勢は相手に対する尊重を示す。無言のジェスチャーである。一般に、上司の話をいい加減に聞く部下はあまりいない（と思いたい）が、私は、たとえ何度も聞いていた話であっても、決して聞き流すような態度を取らないよう自分を戒めた。

人は自分を尊重する人を尊重する。「その話はもう聞いてます」と、途中で妨げることはしなかったのである。人の話を真面目に聞かないことほど、相手に対し失礼な態度はない。この積極傾聴（Active Listening）の姿勢は、いまでも心掛けている私の人に対する基本的な態度である。

## 賛辞が先で直言は後

いかに人間関係が大事といっても、人間関係を重視するあまり、上司の誤りにさえ何も言わないということでは、本末転倒と言わざるを得ない。上司も人間である。神様ではない。間違いはある。

だが、間違いは正さなければならないとはいえ、得意になって間違いを指摘してはならない。それでは、せっかく美点凝視や積極傾聴で、お互いに認めあう関係を築いたとしても、一気に関係が崩壊してしまう。

間違いを指摘するときにも、相手に対する尊重（リスペクト）を失わないよう、また相手にも尊重の意が伝わるよう指摘する必要がある。そのための手順が、7分の賛辞と3分の直言だ。

「課長のここまでの方針が正しかったので、チームはここまで来ることができました。キャンペーンの担当に○○君を抜擢したのもお見事でした。それに……」と、賛辞を最初に述べてから、「この点はいまのメンバーと市場の動向から見ると困難、見直しが必要では」と具体的な改善案を進言するのである。

そして、賛辞と直言を7対3くらいの目安で行うと、直言された上司も気分を害することなく受け入れられる。

## 仕えるなら厳しい上司？　優しい上司？

上司には「優しく冷たい」タイプと「厳しく優しい」タイプがある。前者は物腰は柔らかいが、部下の成長には無関心という人。後者は厳しいことを言うが、部下の成長を重要視している人である。

よく厳しい上司、優しい上司と言うが、率直に言って世の中に厳しくない上司はいないはずだし、いてはならない。もしいたら、その上司は上司たる資格がない。

上司は、あえて部下を厳しい状況に追い込むこともある。部下を育てるには、部下にとって厳しい仕事をさせることも大事だからだ。それができない「優しい上司」の下では、部下は成長するチャンスを失う。部下の成長機会を奪う上司は、失格者である。

すぐに怒鳴る、無茶な仕事を平気で部下に振るという類の上司を厳しい上司、物腰柔らかで、部下にも丁寧な態度で接する上司が優しい上司と言っているのであれば、もし上司を選べるなら、それは後者のほうがよいだろう。

しかし、一般に部下は上司を選べないことが多い。では、どうすればよいか。選択肢は限られる。会社を辞める、上司または自分の異動を待つ、自ら異動願を出す、じっと我慢する、嫌な上司からでも学ぶべきことを学ぶの５つである。

最悪の上司とは厳しい上司ではなく、学ぶもののない上司である。しかし、いかなる上司であっても、美点凝視を続ければ必ず学ぶ点は見つかるはずだ。

厳しい上司の下についたから損、優しい上司の下に配属されたからラッキーといえるほど、ビジネス人生は単純なものではない。優しさや厳しさの質や内容が問題なのだ。

## 主体的に上司と向き合おう

部下の幸せは上司次第というのは一面の真理だが、それだけですべてが決まるわけではない。なぜなら、部下にも上司をマネジメントすることは可能だからである。

いわゆる「ボス・マネジメント」だ。先述した「BS（ボス満足度）」「積極傾聴」「美点凝視」「7の賛辞に3の直言」も、ボスマネのための手法である。

上司にはタイプがある。タイプが異なれば、当然そのアプローチの方法も変わってくる。

Ⅰ　パワー型

a　ポジションパワータイプ　とにかく自分の立場と面子にこだわる。そのため、立場を尊重し、上司の顔を立てるよう振る舞うことが部下の基本動作。報告・連絡・相談なしに行動するのは禁物である。

b　自分勝手な放任タイプ　普段、部下への関心は薄いが、問題が起きると部下の責任追及に熱心となる。自信家なので実力を認め、常に相談を欠かさないことが大事。

Ⅱ　安全第一型

a　上ばかり見ている平目タイプ　部下のことより自分が上からどう評価されているかばかり考えている上司。上からにらまれないことが第一なので、決定にしばしば時間がかかる。

b　責任回避の浮き草タイプ　御身大事で、死んでも火中の栗は拾おうとしないタイプ。責任をとることをいやがるので方針の定まらないところもある。一方、チーム内の不和も嫌うため部下への一定の（多くの場合、表面的な）心づかいはある。

Ⅲ　無情型の上司

a　決め事・ルール大量生産タイプ　チームの動きをルールや制度で縛ろうとする。あえて嫌われ者になろうとするのもこのタイプ。このタイプの上司に対してはルールを守りつつ、ルールにのっとりミーティング等公式の場で正論を述べることが大切。

b　業績至上主義タイプ　結果がすべてというある意味でわかりやすい上司のタイプである。このタイプは、結果が何よりも大事と考えているので、結果を出すためのプロセスには無関心なことが多い。

Ⅳ　和を以て尊し型

ａ　チームの人間関係を重視するタイプ　チームの和を優先する上司は、日本的組織に最も多いタイプである。人の話に耳を傾けるタイプなのだが、本当に通したい意見のあるときは、チームの公の場、ミーティングや会議の席で自分の意見を主張しなければいけない。

Ⅴ　問題児型

ａ　自己中心の未熟者タイプ　上司にしてはいけないタイプである。自信はないが自己愛は人一倍強いので、面子を潰すようなタイミングでの直言は避けたほうがよい。美点凝視、積極傾聴に努めて距離を縮めていけば、意外に強力な味方になることもある。

どんな上司であっても欠点のない上司はいないし、また美点のない上司もいない。

肝心なのは、部下だからといって上司に従属的に従うのではなく、上司のタイプに応じて、適切なボス・マネジメントとボス満足の手法を駆使し、部下であっても主体的に上司と向き合うことである。

仕事という字の仕と事とは、どちらも「つか（える）」と読む。だが、仕事とはだれかにつかえることではない。だれかのために働く、すなわち「傍《はた》を楽にする」ことではあっても、だれかに従属することではないのだ。

「仕事」という漢字は改めるべきである。「恥務」とか「恥責」あたりが適切な言葉である。

## 汗は自分でかきましょう。手柄は人にあげましょう

見出しの言葉は、時代が昭和から平成に移ったときの総理大臣、故竹下登氏の言葉といわれている。裏方の報われない仕事は積極的に自分が引き受け、最後の表舞台に立つ人の引き立て役に回るというのが竹下氏の信条だったのだろう。

「菊づくり、菊見るときは陰の人」、作家吉川英治の句である。多くの人が汗はかかずに手柄だけを欲しがる中で、あえて裏方仕事に徹するというのは損な役回りのように見える。

だが、竹下元総理の言葉は正鵠《せいこく》を射ている。

どんなに大きな組織であっても、トップというのは驚くほど下の人々の動きを見ているものだ。手柄を自分のものだと声高《こわだか》に自己宣伝してみても、実際に誰がどのくらい貢献して、この結果になったのかということをトップは見逃さない。

逆説的にいえば、その程度の眼力がなければ、大きな組織のトップにはなれないということでもある。

汗をかくことに努め、手柄を人にあげるという行動は、決して骨折り損ばかりのことで

はない。

いつか必ず大きなリターンの伴う投資と考えてもよいだろう。

自分の手柄を自分のものとしたいのは人情である。相手の歓心を買うにはプレゼントが効果を発揮する。上司にあげた手柄は、やがて回りまわって自分のところに返ってくると考えればそれほど惜しくもないのではないか。

一見不条理でも、手柄は上司にプレゼントしなさいというのは、令和の時代にも通用する組織の裏ルールのようなものである。

## 部下の自分が成長することは上司への最大のプレゼント

上司との人間関係を良好に保ち、仕事を進めることをボス・マネジメントといい、ボス・マネジメントでも、手柄を上司にプレゼントすることは効果があると述べた。

では、手柄をプレゼントするというのはどういうことなのだろうか。

自動車会社の営業チームのメンバーが、上司の売上にしてくださいと、車何台分かの販売実績を上司に譲ることが手柄のプレゼントであろうか。

自動車会社の営業職であっても、チームのリーダーである上司にとって重要なのはチームの成績である。リーダーひとりが、車の販売実績だけを誇っても仕方がない。

上司の仕事とは、目標の達成と部下の育成である。このふたつの結果が、上司に対する評価を決める。

したがって上司が最も喜ぶプレゼントとは、チームの目標達成と部下であるあなた自身の成長に他ならない。

つまり手柄を上司にあげようとするならば、部下であるあなたが知恵を出し、一生懸命に汗をかいてチームの目標達成に貢献し、その過程であなた自身がビジネスパーソンとして一段も二段も成長することが求められるのである。

汗をかいてチームに貢献し、そこで自身も成長することが上司に手柄をあげるということになる。

自分が最もチームに貢献したと、目先の小さな手柄に目を奪われ、手柄の奪い合いをしては自分の価値を毀損してしまう。大事なのはチームの勝利と、チームのリーダーとメンバーを讃えることがリーダー型の部下の基本動作である。

だから竹下元総理の「汗は自分でかきましょう。手柄は人にあげましょう」は、非常に含蓄に富んだ言葉といえるのである。「オレがオレがのガ（我）を殺し、オカゲオカゲのゲで生きる」という戯《ざ》れ歌があるがその意味は深く重い。

## 直言は代替案を持って行うべし。単なる否定は破壊者にすぎない

部下から上司に物申すときは、先述した7分の賛辞と3分の直言が基本ルールである。だが、いくら賛辞を述べた後に直言したとしても、そもそも直言に一定の品質が伴っていなければ話にならない。単なる苦情や泣き言では、到底、直言とはいえないからだ。

部下として上司に直言する以上、それが建設的な意見・提案であることは最低の条件といえよう。しかし、少々お粗末な意見であっても、何も意見を述べないよりはましである。黙ったままでいるよりは、発言したほうがよい。耳に痛い直言であっても、何も言ってくれないよりはありがたいものだ。「異見も意見」なのである。

ある大企業の3代目の経営者は、若い頃に部門の長を務めていたとき、うるさく苦言直言をしてきた部下を、自分が社長就任時に取締役に抜擢した。

「あれだけ文句を言ってきたのだから、役員くらい務まるはずだ」と、他の取締役を説得したそうだ。上司は基本的に部下の意見を待っている。その意見が、次の条件を満たしていればなおよい。条件とは、意見が感情的でなく論理的であること、会社の理念・方針、

行動基準に反しないこと、異見には必ず建設的な代替案を持っていくこと。そして二度の直言で聞き入れられなければいさぎよく上司の決定に従うことである。

## 代替案の条件

上司にノーと言うときに、決死の覚悟は必ずしも必要ないが、感情に溺れた発言をしてはいけない。また単なる否定だけでは部下道に反する。ノーと言うときには、建設的で実現可能性のある代替案を持って臨むのが部下の守るべき基本動作である。単なる否定は破壊者にしか過ぎない。建設的な代替案（Constructive Alternatives）の提言が求められる。

代替案といっても、簡単にできるような安易なものでは、上司としては受け入れにくい。目標と同じくストレッチ（すこし無理をすれば届く）の必要なものであることが大事だ。ストレッチの心は〝Challenging but Attainable（楽ではないがちょっと無理をすればできないことはない）〟ということである。

その上で、上司の意見を入れられるだけの余裕を持たせること、そしてせいぜい3案以内に絞り込むことを心がけるとよい。

ある自動車販売会社では、営業現場の日報の提出状況が悪く、業を煮やした本部長は各営業所に日報提出の徹底を指示し、遅れた営業所にはペナルティを課すと檄《げき》を飛ばした。ただでさえ忙しい営業現場では、日報作成のために遅くまで残業しなければならなくなったと悲鳴が上がった。

そうした現場の声を受け、ある営業所長は本部長に次のように意見を具申した。

「日報は確かに重要な情報源です。現場の声を重視する本部長のお考えには、現場も賛同しています」と日報重視の意義を認めた上で、現在のわが社の日報の書式は記入項目が多過ぎる、この際、書式やルールも改善すべきではないかと代替案を示したのである。

現行の日報の厳格化ではなく、書きやすく読みやすい日報に改める。そのためには書式の変更などいくつかの作業は必要だが、それは提案者の営業所長が引き受けるとした。

新しい日報の書式は、訪問先などの企業名はランク別企業名一覧から選べばよいように変え、企業名を書き込むのは新規の訪問先のみとした。

その他、訪問目的についても定期訪問や納品などはチェックの印を付ければよいように簡略化し、肝心の情報欄を充実させることに注力し、最後に本部長のアイデアを取り入れクレーム情報欄を加え新しい日報の書式とした。

書式を変えたことによって、従来の日報作成で費やしていた時間に比べ、新しい日報では平均で3分の1に短縮された。

## 上司とのコミュケーションは〝過ぎたるは及ばざるに勝る〟

チームワークの質は、コミュニケーションの質と量と頻度に比例する。

チームワークが勝敗を決する団体スポーツでも、コミュニケーションは大事だ。野球、サッカーもそうだし、今年日本でワールドカップが開催されたラグビーはコミュニケーションが選手の重要スキルとして求められるスポーツである。

ラグビーは、人が密集する局面の多い競技である。密集の中心にいる選手は、周囲の状況がまったくわからないため、仲間が声をかけてやらなければ適切に次の行動に移れない。また、密集の中ではボールの在りかも周囲からわかりにくいため、ボールの近くにいる選手がボールの位置を全員に伝えないと、オフサイドの反則連発でゲームにならない。

スポーツに限らず、およそ集団で行動するときに、最も重要なスキルがコミュニケーションスキルである。チームで仕事をするビジネスマンにとってコミュニケーションは、上司・部下という立場に関係なく、すべての人に必須のスキルといって間違いない。

「職場で生じる失敗の80％はコミュニケーションの不備に起因する」という。従って、上司も部下も、コミュニケーションをおろそかにすることは許されないというのがビジネスの鉄則である。

## ひとつを疑われるとすべてを疑われる

具体的な話のほうがわかりやすいだろうから、ひとつ私の失敗談を紹介する。

シェル石油（現・出光昭和シェル石油）の時代、週末金曜日の午後にちょっとしたトラブルがあった。上司は午後から取引先へ外出し、そのまま直帰の予定だった。携帯のない時代、上司と相談するには得意先へ電話するか、夜に自宅へ連絡するしかない。

トラブルは私の解決できることだったし、取引先や、まして土日の休みを前にした金曜の夜に自宅へ連絡するのも迷惑と思い、私はトラブルをかたづけ、報告は月曜の朝にすることにした。この対応が上司をひどく怒らせた。

自らトラブルを解決したのはよい。しかしその報告は土日にできたはずだ。知らせなかったのは、他にも何か隠しているからではないかと痛くもない腹まで探られたのである。

私にとっては心外極まりない話であったが、ひとつ知らせないことがあれば、他にも隠していることがあるのではないかと考えるのが上司である。

ある同僚が1カ月ほど赤字を隠していたことがあった。

石油価格は市場で決まる。まだ円ドルのレートは固定の時代だったが、石油の仕入れ値は変動する。安いときに買い、高く売ればそれだけ儲かる。だが、そうそう上手くはいかない。逆の目が出ることもある。

同僚は高い石油を仕入れたため、それを1カ月ほど引き出しに隠していた。

幸い1カ月後に値が戻ったため、同僚はそのとき引き出しに入れていた石油を売って、何とか帳尻を合わせることができたが、その話を聞いたとき、私は上司の「ひとつ知らせなければ他にも隠している」という言葉に得心がいった。英語には"Once a suspect, always a suspect.（ひとつ疑われるとすべてを疑われる）という言葉がある。

上司とはそういうものである。そうであるからには、部下としてはどんな些細なことでも上司にいち早く知らせることが求められる。

上司とのコミュニケーションは、多すぎると思うくらいでも丁度いいのだ。この程度なら知らせなくてもいいだろう、は部下道に反する。〝この程度〟でも知らせなければいけないが部下道なのだ。一般に「過ぎたるはなお及ばざるが如し」というが、こと上司とのコミュニケーションでは、いまも昔も変わることなく〝過ぎたるは及ばざるに勝る〟なのである。この鉄則を忘れると痛い目に遭う。

## マメにメモをとろう

上司から指示命令を受けるときに、部下はメモとペンを持って構える。これが基本的な形である。メモがノートか、メモ用紙か、スマホか、モバイルPCかはどうでもよい。大事なことは、上司の指示命令を記録する姿勢にある。

メモはリマインダーとなる。

また、メモを取ることで、上司からは好感をもって見られるという効果もある。メモを取るというのは、上司の目には話を真剣に聴こうとする姿勢に映るからだ。真剣に話を聴くという姿勢は、相手を尊重している態度である。

逆にメモを取ろうとしない部下の態度は、あまり感心したものとは受けとられない。よほど記憶力がよいのかと思われればよいが、多くの場合は、誠意もやる気もないやつと見られてしまう。こうなっては〝メモ〟当てられない。

だが、メモを取ることによって生じる効果は他にもまだある。それは、メモが結果を出すためのツールとして役に立つということだ。

## メモは速記録ではない

メモを取る効果には、仕事の目的をつかむということもある。

何のために何をするのか、上司の指示命令の肝がどこにあるのかを上司の話を聴きながら素早くつかむことにもメモは役立つ。

そのためには、メモを取ることに一生懸命で、ひたすら上司の言ったことを記録し続け、その間ひと言も発しないという「速記係」をやっていてはだめだ。

ある情報通信分野の上場企業の創業者は、部下に話をするときに「メモばかりしないで、話を集中して聴き、大事なことは頭に叩き込め」と私の傍らで指導していた。

メモを取る部下は、メモを取らない部下よりもはるかにマシだが、メモの取り方にも上手い下手がある。メモすることに必死で、上司の話に質問もできないということでは、上司が目の前にいるのにもったいない。本末転倒である。

メモは仕事で結果を出すためのツールなのだ。メモ自体は目的ではない。

メモには、大事と思うことだけを記録する。一言一句まで記録するのであれば、スマホの録音機能かＩＣレコーダーを回しておくほうがよい。

## メモの技術

大事なことだけメモするなら、上司の話の前後関係にも注意がいくし、不明点に質問もできる。質疑を交ぜることでコミュニケーションの精度が高まり、上司の指示命令の肝心な部分がより明確になるはずだ。

メモするときとしないときのメリハリがあると、上司もメモすべきところで部下がメモしていなければ、ここが重要と念を押すこともできる。終始メモしっぱなしの相手だと、タイミングよく念を押しづらい。まったくメモしない部下は問題外だ。メモ（目も）当てられない。

大事な点のみ記録したメモでは、記録されているのはいくつかの事柄だけである。

この点と点を結んで、ひとつのストーリーを作るのは部下の役目である。点と点を結ぶ線づくりは部下自身の判断で行う。

そうしてメモを基にひとつの話の流れをつくり、上司の話が一通り済んだところで「では、こういう理解でよろしいですか」と確認してメモは終了となる。

こうすることでメモは単なる備忘録から、仕事の段取りプランへと進化する。

## いつの時代にあってもバッドニュースファースト！

ビジネスには「バッドニュースファースト」という鉄則がある。外資系、特にアメリカ系の企業では徹底的に叩き込まれる考え方である。ビジネスでは、悪い知らせほど早く伝えなければいけないということだ。

グッドニュース（よい知らせ）は遅くてもよい。場合によっては知らせなくてもよいくらいだが、悪い知らせは、対応が遅れれば遅れるほど事態が悪化する。傷口が大きくなり、出血多量で死んでしまう。

だからこそ、バッドニュースファーストなのである。

しかし、悪い知らせを上司に持っていくのは気が進まないものだ。

たとえ伝えた者に罪はなくても、行きがかり上、上司から最初に叱責を食らうことがあるからである。「メッセンジャーを撃つな（Don't shoot the messenger.）」という言葉があるが、伝えに来ただけの人を叱っていては、誰も積極的にバッドニュースを報告しなくなる。

それでなくても人は誰でも失敗を隠したい。隠しおおせるものなら、ずっと隠しておきたくなるのが人情だ。

だが失敗を隠したままでは、経営に悪影響を及ぼす。小さな負債も、みんながあちこちに隠したままでは、まるで船底に大穴を開けたまま、それを知らずに大海原を航海している船のようなものである。

もうひとつ付け加えると、人は隠し事が心の負担になる動物だから、隠し事を続けるのは本人も苦しい。後ろめたいのである。

前項で紹介した元同僚は赤字を隠していた1カ月の間は、飯を食ってもうまくなく、酒を飲んでも気持ちよく酔えなかったそうだ。

隠し事は会社にとってよくないばかりでなく、隠し事の張本人の心身にとってもよいことはないのである。

## 君たちは隠すな

英語に“Good news is no news. No news is bad news. Bad news is good news.”という言葉がある。

よい知らせはニュースとしての価値がない。何も知らせないことは最悪の知らせだ。悪い知らせが価値のあるよい知らせである、という意味である。

苦情や失敗の知らせはよい知らせと考え、直ちに上司に知らせるのが日米を問わずビジネスマンの基本動作だ。部下道の基本中の基本でもある。

しかし、バッドニュースを知らせるのは、ときに勇気を必要とする。

赤字企業がV字回復するためには、内部に溜まった長年の不良資産を一気に処分しなければならない。その不良資産にはかなりの割合で隠れ負債が含まれている。

伊藤忠商事が4000億円の不良資産を処理したときも、当初の見積もりを大幅に超える隠れ負債があった。当時、社長を務めていた丹羽宇一郎氏は各部署の中、各担当者の引き出しに隠れている隠れ負債を表に出させるために苦心したそうだ。

人は隠せる間は隠し続けたい。

いま公表すれば社員に責任を問わない、すべての責任は社長である自分がとると言っても、社員に勇気を持って隠れ負債を公表させるのは簡単ではなかった。

このとき丹羽氏が全社員に呼び掛けた言葉が「君たちは隠すな」である。「隠し」を続けてバレてしまった某大手電機会社の逆である。

部下が悪い知らせを上司に告げても、上司によっては公表せずに握りつぶしてしまうことだってある。しかし「君、君たらずといえども、臣、臣たり」が部下の道だ。部下が正々堂々と正しい部下の道を進めば、上司でも動かされることがある。

人は人によって心を動かされ啓発を受ける。人を動かすのは正しい行動であって、それぞれの立場ではない。それが部下道である。

## 上司は部下の何を見ているか

会社というのは、驚くほど社員のことを見ているものだ。

上司が自分のことをきちんと見てくれていない、適正に評価されていないと思っているビジネスパーソンの多いことはよく知っているが、実際のところ彼らが思っているほど会社は社員に無関心ではないのだ。

会社の中で最も社員に関心が高いのは社長である。

たとえ数千人、数万人の会社であっても、社長は広い意味で、すべての社員に関心を持っている。名前も知らない社員であっても、無関心ではいられない。

それはたとえばどんな大金持ちであっても、自分の財産に関心のない人はいないのと同じである。

社員とは社長にとって人財、財産だからである。財産である以上、財産価値の上がることを期待しない人はいない。

無論、上司の中には部下に対する関心の薄いタイプの人間もいる。望ましくない上司ではあるが、現実に存在することは確かだ。

不幸にして、そういう部下に関心の薄いタイプの上司の下についてしまったとしても、それでも会社で然るべき地位にいるうちの誰かは、あなたのことを見ている。

## 安心して爪を出せ

人が人を見るときの本能的な識別は〝Ally or Enemy（味方か敵か）〟である。

上司が部下を見るときには、できるやつか、できないやつか、やる気があるか、ないか、そして“Ally or Enemy”である。

できる部下は、いまは強い味方でも、やがて自分を追い越す脅威となることがある。できない部下や、やる気のない部下は上司の身には安心でも、チームの戦力としては当てにならない。

上司ができる部下を警戒し遠ざけたり、部下が上司から冷遇されないよう韜光養晦《とうこうようかい》（爪を隠すこと）に神経を使うというようなドラマのような職場は、めったに存在しないものだ。しかし、こういう意識は程度の差こそあれ誰もが持っている。

力のある部下は、思う存分力を発揮すべきである。もし、一時的に冷遇されることがあったとしても、力のある者は必ず周囲から認められる。

会社というのは、こうした上司と部下のことも、かなり詳しく見ているからだ。

埋もれた才能という言葉はあるが、本当の才能というものは決して埋もれたままにはならないものである。

童話作家として有名な宮沢賢治は、生前は無名の人だった。詩人の草野心平が、彼の作品を夜店で見つけたことで世に出るきっかけを得たが、亡くなるまでその存在は一部の人しか知らなかった。戦後に宮沢賢治の何回忌かが開催されたとき、詩人で彫刻家の高村光太郎が弔辞を読んでいる。その弔辞で高村光太郎はこんなふうに言っていた。

「宮沢賢治が生きているときは誰も知らなかった。だが、いまほとんどの日本人は宮沢賢治を知っている。袋の中の針は自ずから頭角をあらわすというが、優れた作家と作品は必ず世の中に認められる」。こうした事実は作家として心強い。

もし、自分が上司から評価されていない、会社から適正に認められていないと感じるときがあれば、この高村光太郎の言葉を思い出してほしい。

見ない人は見ないが、見る人は見ているのだ。あなたの評価は、まだそのときに至っていないだけで、努力を続けていれば必ず周囲は認めざるを得なくなる。

世の中、古い諺では「盲《めくら》千人、目明き千人」という。見ている人は見ているのだ。差別語だとのお叱りを受けないように、言葉を変えると「目不自由千人、目利き千人」である。

## 教わっただけでは身に付かない、やってみてはじめてわかることがある

「教わったことは身に付かない。盗んだことだけが身に付く」（数寄屋橋次郎）

昔の人は、技術は盗めと教えられたという。令和の時代にこう言うと時代錯誤のように

とらえられるかもしれないが、ここにもひとつ見逃してはいけない大事な点がある。それは、技を盗んでわが物とするプロセスには試行錯誤が必須ということだ。

どうすればうまくいくか、試行錯誤を繰り返す中で、先輩の技を盗むのでなければ、盗んだ技がうまく機能するはずがない。

技を盗んで身に付けるとは、盗んだ技だから労せずに身に付くということではなく、盗んだ技のうち、有効なことだけが残るということだろう。どんな技でも、使ってみなければ結果はわからないし、先輩には使える技でも、自分に適しているかどうかはわからない。

技を盗んでマニュアルにすれば、誰でもベテランと同じようにできるというのはとんでもない間違いだ。そのとき、その場に立ってみなければわからないことは多いし、やってみなければわからないことはさらに多い。

マニュアル通りの仕事しかできないという人は、その仕事に込められた想いを理解せずに機械的に仕事をしているようなものだ。何がどう役に立ったのかわからないまま仕事をしていても、仕事に魂はこもらない。魂を受け継がない技はただの動作である。

## 同じ場所を見ていても風景は違って映る

社長と副社長の距離は、とてつもなく長い。社長は会社の経営に対する最終責任を担っている。副社長は部門責任のみであるのに加え、困ったときは社長という相談相手がいる。社長と後継者でも同じことがいえる。どんなに優秀な後継者でも、社長になってみなければわからないことがある。心ここにあらざれば見えても見えずというが、社長の心で見なければ、同じ場所を見ていても心に映る風景は異なるのだ。同じ伝で物を言うと、上司と部下では目に映る景色は違って見える。立場により心象風景は驚くほど異なるのだ。

マニュアルや動作は、やってみせることで教えられる。しかし、目に見えない心は教えにくい。言葉で説明しても、お互いの心のレベルがそろっていなければ、言葉に込められた心までは伝わらないものだ。

平成から令和と時代が移っても、こうした人の本性に関わる部分は不変である。

時代が変わったからＡＩを使って仕事をするといっても、人ですら心を伝えることは時間のかかる困難なことなのに、人がつくったＡＩに心を伝える術《すべ》のあるはずがない。

## 上司の心で仕事をすると

上司と部下では立場が違う。

部下が部下であるうちは、上司の立場で物を見、上司の考えで行動することは難しい。しかし、それができれば部下は単なる部下から、上司にとっては頼もしいスーパー部下となる。部下にとっては、他を一歩リードすることができる。

では、どうすれば立場の違いを超えて、上司の目線を獲得できるのか。

そのためには、上司とのコミュニケーションを深くすることである。上司の意見、考えをよく聴き、なぜそう考えるのか、仕事に対する哲学や理念や価値観を理解することが肝心だ。上司を理解することで、上司の目線をわがものとすることはできる。結果として自分のグレードアップを図ることができる。

改めて上司の目線で見れば、同じ職場、同じ商品、同じお客さまであっても、必ず違って見えるはずである。世界が変わって見えるのだ。

これまでと違った世界が見えるようになったら、立場は同じ部下というポジションであっても、心は上司に一歩近づいたといえる。

## 上司の視界で仕事をすれば世界が変わって見える

ここまで述べたとおり、人は立場によって心の目に映る景色が違ってくる。かけている眼鏡の色が変わる。心象風景が一変するのだ。

上司の見ている世界を知るには、上司とコミュニケーションを重ねることによって、考え方、価値観を理解することが第一歩である。しかし、やはり実際に上司の立場になってみなければわからないことは少なくない。

人間関係の第一歩は相手を理解するところからはじまる。

実際に上司の立場に立ってみることが一番だが、そんなことは不可能なように思える。しかし、部下が上司の立場を経験することは、実はそう不可能なことではない。

上司に権限の一部を委譲してもらえばよいのだ。そうすれば部下という立場でも、部分的に上司の立場を体験することができる。この「上司体験」で得た世界観を、その他のビジネスでも展開していけばよいのである。

権限委譲を上司の立場からいえば「任せ切る（目一杯任せる）」ということになる。

だが、部下の上司に対する愚痴として、最もよく耳にするのが仕事は押し付けるのに権限はよこさないというものだ。

こうした愚痴は昭和の時代から聞くが、いまでもあまり変わっていないようである。私も、若い頃には似たような経験があるから、世の部下の人たちが権限が与えられないと嘆く気持ちはよくわかる。

しかし、権限が与えられないと嘆くばかりでは、何も解決しないし部下道にも反する。権限とは与えられるものではない。実力と実績で勝ち取るものである。

正しい部下の道とは、権限を勝ち取ることからはじまる。

## 結果を出して権限の一部を委譲させる

権限がないことに不満を訴える前に、自分には権限を与えられるだけの行動やマインドが伴っているかどうか点検してほしい。

まず権限にふさわしい責任感を持って、仕事に取り組んでいるか。

日米の政府間交渉では、かつてアメリカの交渉団が「日本はうそつきだ」と怒る場面が繰り返された。実務者会議では、日米ともに役人が交渉相手だ。

日本の役人は自分では意思決定できないので、常にあいまいな返答でアメリカ側に期待を持たせる。しかし何も行動しない。その結果、日本人はうそつきという烙印を押されることとなったのである。

日本の役人が意思決定できないのは、責任を取ることが嫌だからである。こうした責任回避の気質は民間企業でも散見（多見？）する。権限と責任とは同じコインの表と裏だ。表裏一体なのである。

責任を持たないビジネスマンが、権限を持てるはずがない。何も決められない受け身型の部下でいるうちは、権限は永遠に下りてこないのである。

## 社長が見ている世界を垣間見る

権限を委譲されることによって部下の裁量権が大きくなる。結果として力がつき、実績が伴ってくる。

裁量権のない仕事をしているうちは、目の前の仕事をこなしている請負人である。しかし、裁量権を持って仕事をすると、いままで自分のように守備範囲だけを見ていればよいというわけにはいかない。仕入れから販売まで、さらには原材料の調達状況からマーケティング、販売促進まで、場合によっては、他部署のみならず他社の領域にまで目を配らなくてはことが進まなくなる。

いままで見えなかった世界を含む視野や視座が求められるのだ。それはひょっとすると、社長が見ている景色に近いかもしれない。こういう体験は若いうちからできる限りやっておくほうがよい。多いに越したことはない。

部下の立場でも、上司の視野で仕事をすることは可能だ。

そのためには、まず上司から「任される」ことができる部下になることである。

# 第4章

## 共勝ち道——上司と部下のウィンウィンが会社のウィンを呼ぶ

## 一将功なりて万骨枯るはご法度

見出しにある「一将功なりて万骨枯る」という言葉はあまり耳慣れないかもしれない。その心は、「ひとりの将軍の勝利という栄光のために、何万という兵士が犠牲にされている」ということだ。一般兵士を犠牲にして、手柄を立てるリーダーのことを批判した言葉である。上司ひとりが手柄を讃えられていても、足元を見れば犠牲になった部下が死屍累々たる惨状にあるということではいけない。元も子もないというが、元（一将）は生き延びたけれども子（兵士）は死んでしまっている。

部下の犠牲の上に築き上げられた栄光では、真の栄光とはいえないのだ。

現代でも、これに近い光景を見ることがある。バブル崩壊後やリーマンショックの後、企業は人を減らすために人員整理を行った。人員整理をリストラ（組織の再編）と称していたが、実態はクビ切りである。多くの社員がクビを切られた。

社員のクビを何千人、何万人単位で切った会社は、人件費負担が減ったことで株価が上がり、クビ切りに貢献した上司は会社に貢献したとして社内で出世街道を進んだ。

中には社長にまで上りつめた人もいる。

まさに、「一将功なりて万骨枯る」という光景が展開された。会社に認められるため、積極的に部下のクビを切ることに血道をあげる上司を信じて、その後ろを本気でついて行こうという部下はいない。一人もいない。絶対という断定表現は絶対に使ってはいけないのだが、絶対にいない。「一将功なりて万骨枯る」ではチーム力を地に堕とす。

## 上司は最後まで部下を見捨ててはならない

"He is worth his salt（彼は給料相当の仕事をしている）"という表現がある。塩が貴重品で、給料を塩で支払っていた時代の名残《なごり》の言葉である。

そもそも部下には自ら自己研鑽をして、会社に貢献する責任と義務がある。それを怠っては部下の資格はない。部下失格である。一方、部下を採用した会社には、部下を教育し一人前に育てる責任がある。その責任を担っている直接の当事者が上司だ。

したがって最後の最後まで部下をサポートして、部下の成長を支援するのが上司の道である。自分の好みに合わない、ちょっと出来が悪い、成績が振るわないという部下を、会社が人員整理に躍起になっているからといって、妄りにクビを切るようなことは、上司道に外れるし、上司として無責任極まりない。

とはいえ、たしかに会社には社員を抱えきれない局面もある。古くは経営の神様といわれた松下幸之助氏の率いる松下電器（現・パナソニック）も、人員整理を行ったときがある。

しかし、幸之助氏は最後の最後までクビ切りをためらった。

それでも力及ばず人員整理に至ったが、いったん辞めさせた社員も会社が立ち直ったときには呼び戻した。リカバリーショットのチャンスを与えたのである。

松下電器とパナソニックは同じ会社だが、人に対する考え方には隔世の感を覚える。どちらの経営が正しいかは一概には言い切れない。経営者の判断と決断は、そのときその時代のタイミング、市場環境、経営環境に応じて変わるものであり、変わるべきだからだ。

しかし、なぜ松下幸之助氏が、いまでも経営の神様といわれ多くのビジネスマンの手本となり尊敬されるのか、現パナソニックの経営者が幸之助氏と同じように尊敬されているかを比較すれば答えは自ずと見えてくるように思う。「今のパナソニックには理念がない！」。元松下電器のＯＢの口から出た嘆き節である。

部下は、上司が功績を上げるためのその場限りで使い捨ての道具ではない。

上司と部下は、同じ理念の下で、同じ目標に向かい、協力し合って進む同志であり、仲間である。したがって上司とは、部下の死刑を執行する執行人ではないし、打倒すべき仇敵でもない。上司とは、安心して信頼できるお手本（ロールモデル）であるべきなのだ。

## チームとグループの違い

チームとグループの違いは何か。

チームとグループでは明らかに違う。一定の期限内に達成すべき目標を全員が共有しているのがチームである。チームの和は、目的を果たすために必要な機能であり、仲間同士の和を重視していても、それは親睦を目的にしているわけではない。

一方、グループには目標がない。単なる人の群れや仲良し集団である。目標の共有がないため、集団は方向が定まらないまま漂うばかりである。

烏合の衆といってもよい。

会社にとって、必要なのはチームである。グループは不要である。

「船頭多くして船山に上る」というように、グループでは船は航海できないし、会社の経営もうまくいかない。

したがって上司に求められる役割はチームの上司（リーダー）であり、部下に求められる役割もチームのメンバーである。チームに求められるのはチームワークであるから、上司の役割はチームのリーダーとなることであり、部下に求められるのは、上司の指示命令の実行と、上司を補佐するフォロワーということになる。

チームである以上は勝たなければならない。

ビジネスでは定めた目標を達成することが勝利だ。しかし、チームの勝利はそれだけではない。上司にとって、部下を目標に挑む過程（プロセス）で成長させることも大事な義務となる。

部下の成長と上司の成功を、ともに喜び合えるチームがよいチームなのである。

そこにはウィンウィン（共勝ち）の関係がある。

ウィンウィンが成立すると、結果として会社が成長する。ウィンウィンウィン（みんな勝ち）が成立する。

目標達成という結果に至るチームの工夫や努力、それに伴う苦労を乗り越えてこそ、上司は部下の成長を喜べるし、部下は目標達成という上司の手柄をわだかまりなく喜ぶことができる。それがチームである。

グループには目標達成という責任を伴う苦労はないが、共に喜び合い勝利の美酒に酔う機会もない。

だからこそ、あえて繰り返す。

会社に必要なのはグループではない。チームである。

## 勝負は自責で

「鳴かぬなら殺してしまえホトトギス」（織田信長）、「鳴かぬなら鳴かせてみしょうホトトギス」（豊臣秀吉）、「鳴かぬなら鳴くまで待とうホトトギス」（徳川家康）。これらは人口に膾炙《かいしゃ》した諧謔《かいぎゃく》である。

次は私の自作。「鳴かぬならお前が鳴けよホトトギス」（他責人間）、「鳴かぬなら私が鳴こうホトトギス」（自責人間）。

人を非難するときは人差し指で相手を指す。だが、残る4本のうちの3本は自分に向いている。神様は、他責よりも自責のほうが3倍多いと教えているのだ。

もう1本の指、親指は天に向かって神さまの審判を仰いでいる。

自責とは「"I own the problem, I own the solution.（問題は自分のもの、解決も自分のもの）"」ということである。

部下だから、問題の後の処理は上司にお任せでは、その人は永遠に部下に甘んじなければならない。それも二流の部下としてということになる。

物事には順番というものがある。一流の上司となるのは一流の部下である。一流の上司の中から、やがて一流の社長が生まれる。一流と二流を分ける勝負どころの岐路が、自責人間か、他責人間かである。

## 他責のままでは解決策は見えない

「キャプテン・ラスト」という言葉がある。船長は最後の最後まで船から降りてはならない。それが責任あるリーダーの基本動作である。部下であっても、基本動作は上司と同様であらねばならない。

他責の歌をもうひとつ。「むずかしい。とてもできない。ヒマがない。金が足りない、人も足りない」。これは責任他人論である。この反歌となる一般的によく知られた自責の歌もある。「電信柱が高いのも、郵便ポストが赤いのも、みんな私が悪いのよ」だ。究極の「責任自分論」である。「会社が悪い」「社長が悪い」「上司が悪い」「システムが悪い」等の言い訳や愚痴は、すべて他責だ。「責任転嫁は成長機会の自己否定である」。この言葉の意味は深く重い。

何かを解決する、あるいは何かを乗り越えようとするときは、自責でなければ勝負ははじめから負けである。すべての問題は「問題は自分のもの、解決も自分のもの」と考えて、はじめて問題解決の道が拓ける。

## 職場に自責の風を吹かせよう

自責と自己責任は似ているが違う。自責は自分の周辺に起きているあらゆる問題に、自分が当事者となって臨むということである。自己責任とは、隣の人の失敗は隣の人の問題、自分には関係ない、「自分の尻は自分で拭け」ということだ。

一見、自責を装っているが、自己責任を振りかざす人間は、結局、他責人間でしかない。こういう他責人間の集団では、チームワークは機能しない。チームワークは、チームで起きたことは、すべて自分の問題とする自責人間の集団だからこそ力を発揮する。

仕事はチームでやるものだ。チームでやらなければ、よい仕事はできないし、よい結果も得ることができない。「国が諸君に何をしてくれるかを問うな。諸君が国のために何ができるかを問え」。J・F・ケネディ大統領の有名な就任演説の一節である。

職場に自分から自責の風を吹かせることだ。会社の中に自責の風が吹いて定着すると、よい企業文化が生まれる。企業文化がある会社とない会社を比べると、そこには不況の風に対する耐久力に4倍の差が出るという。わが社をレジリエンス（復元力）の強い、たくましい会社にしたいならば、正に「隗《かい》よりはじめよ」で、自分からはじめて、会社の中に自責の風を吹かせることだ。企業に呼ばれて幹部研修を行うときに私が時々発する質問がある。

「御社で吹いている風は、自責の風ですか？　それとも他責の風？」。この問いに対する回答の80％以上は他責の風である。こんな会社がうまくいくハズがない。

## 理想の上司像は優れた上司（ロールモデル）から学べ

メディアでは、理想の上司像のイメージをタレントや有名人から選ぶことがある。ドラマや小説、ビジネス書の中に、理想の上司像を求めることは悪いことではない。理想の上司を架空の人物に託して、自分自身が上司になったときの行動指針の参考とすることは、ひとつの方法だ。よい真似はどんどんしてよいのである。

しかしドラマや小説、ビジネス書で描かれる理想の上司像と現実の上司を比べて、現実が理想とかけ離れていると嘆いているばかりなら、それは実に不毛で不幸なことである。

もし、本気で理想の上司を求めるなら方法は二つだ。

ひとつは職場の中に理想の上司を求めることだ。不幸にも理想の上司がいない場合は、いまの上司に、部分的にでも学ぶべき点を見いだすことである。

あえて付け加えれば、理想の上司など求めないという選択肢もあるが、それは人生を暗いものにする選択といえる。現実の社会では、教科書に載っている条件をすべて備えた上司はめったにいない。完璧な上司などいないとわかっていても、部下は上司の欠点ばかりを注目し、自分の上司からは何も学ぶべきものはないと思い込んでしまう。しかし、本当に学ぶべき点は何もないのだろうか。

## 何のために仕事をするかを上司から気づかされる

私が若く血気盛んな30代の頃、仕事よりも家族を優先して残業もほとんどせず、だが休暇はしっかり取る上司がいた。当時の私は仕事に燃えていた、家族第一で仕事第二の上司が歯がゆく見えた。あるプロジェクトが佳境のとき、上司は予定通りに1週間のバカンスを取ってしまった。私を含め部下は、このいそがしいのにとみんな不満たらたらである。

それでもプロジェクトは成功し、上司はプロジェクトのリーダーとして、一定の評価を受けることとなった。私は、乱暴に言えば「ひでえ野郎だ！」と憤っていた。

この上司のどこがひどいのかと考えたとき、はっと気づいたことがある。

私は何のために仕事をしているのか、突き詰めて考えれば自分のため、自分の家族の幸福のためではないか。上司の行動に非があるのではない。それまでの私が、仕事のための仕事をしていたことこそ、改めるべき考えであると気づいたのである。

仕事そのものが人生の目的であるという「仕事自己目的主義」である。

私の中で、かつての部下の、人生には仕事より大事なことがあるという発言と、上司の行動がこのとき化学反応を起こし、新鮮な衝撃を受けた。「我以外皆我が師」という吉川英治の名言があるが、身に染みて実感したときである。

それ以来、私の上司を見る目が変わった。見る目が変わると、これまで気づかなかった上司の美点も見えるようになる。完ぺきではないものの、上司は私のロールモデル（身近な手本）となった。概して「青い鳥」は身近にいるものである。

とはいえ、不幸にしてどんなに凝視しても、学ぶべき点のない上司も存在する。

人生をあきらめきって、自分の現状を守ることしか考えない上司、部下の声に耳を傾けないばかりか、あろうことか部下の足を引っ張る上司、そんな上司もいないわけではない。しかし、そんな彼らでも反面教師としての価値がある。人はよい例からも学べるし、悪い例からも学べるのだ。

経営学とは人間学である。彼らを間近で観察すれば、暗部ではあるが、人がどうして堕落するのか、なぜ自ら変われないのか、真実を垣間見ることができる。

人間の暗く弱い側面を知らなくては、よいリーダーにはなれない。上司失格者は自分のマネジメント力を高める上での貴重な生きた教材なのだ。「他山の石」である。「対岸の火事」ではない。

## 異なる文化を認めリスペクトすることが多様化時代の原則

日本政府は今後5年間で、外国人技能労働者を最大35万人入れようとしている。

日本には、すでに外国人（日本国籍を取得していない）が人口の約2％、260万人以上住んでおり、そのうち約半数が日本で仕事を持っている。

政府の思惑がどうであれ、日本の社会は着実に多様化が進んでいる。

日本社会が、高齢化率の大幅な上昇と人口減少に向かっているのは動かしがたい事実であり、労働力不足を外国人で補おうとするのは避けがたい現実でもある。

その一方で、日本を含め世界は、グローバリゼーションに向かって進んでいる。アメリカやヨーロッパに、反グローバリズムの動きはあるものの、世界全体の流れが真逆に変わるようには見えない。

世界のビジネス環境と日本社会の行方を考えれば、企業がダイバーシティ（多様化）に向かうのは必然的な時の流れである。サプライチェーンひとつとってみても、わが社だけグローバリゼーションから抜けて、単独でビジネスしますということは不可能だ。

## 自前主義から脱却しよう

異なる文化を受け入れるということは、外国人労働者をマネジメントするときの問題だけではない。ビジネスのグローバル化と変化のスピードに対処するためにも、ダイバーシティは重要な価値観である。

海外にビジネスを展開するとき、海外ビジネスが未経験の会社で、人材を一から育てていたのでは間に合わない。自社生え抜きの社員の成長を促すとともに、すでに海外ビジネスの経験がある人材を他所から引き抜くことも必要となる。また、社内に技術やノウハウがない事業分野に進出するときにも、技術・ノウハウのある企業をＭ＆Ａすることで補う。

こうした人材戦略や経営戦略は、「時間を買う」ということだ。変化に素早く対応することが求められる現代のビジネスでは、すべてを自前で備えるということは難しい。

英語にはＮＩＨ（Not Invented Here）という表現がある。「自前ではないから受け入れない」という排他的な狭量主義だ。ヒトでもモノでも、自社にないからといって、新たにそこへ投資するのでなく、外から購入したり調達して済むものなら外から仕入れるべきだ。いわゆるアウトソーシングである。時間という重要な経営資源を有効活用できる。

## 異文化との出会いが新しいビジネスを生む

異文化と出会ったときに大事なことが3つある。〝Speak Out（積極的な発言）〟〝Respect for Differences（違いに敬意を払う）〟ということと、〝Agree to Disagree（不同意に同意する）〟だ。

異文化を異文化として認め、受け入れ、リスペクトすることこそ、ビジネスの肝である。「違いに対する尊敬と寛容」から、新しい発想やビジネスが生まれる。

もうひとつは違いを違いとして認め、尊重することだ。後藤新平は台湾総督府で行政官を務めたとき「平目の目をカレイの目にすることはできない」と、現地の風習や文化を尊重した統治を行った。台湾統治は、戦前日本が唯一成功した植民地経営といわれる。

自分たちの価値観にこだわるあまり、お互いそこから一歩も動かないようでは対立しか生まない。相手の価値観、文化に違和感を覚えたとしても、歩み寄りの一歩を踏み出すことが重要だ。

グローバル化、多様化の令和の時代には、「違っているからけしからん」のではなく、「違っているからこそ大切にする」というメンタリティが必要となる。

## ラーニングオーガニゼーションをつくろう

組織には、持続的に成長する組織と停滞し衰退する組織がある。

結論からいえば、組織は川の流れと同じく、停滞すれば澱《よど》み、濁り、勢いを失う。組織とは、成長を続けなければ衰退する。

持続的に成長する組織の条件のひとつが、学び続けるということだ。

学ぶことが、組織の風土となっている組織である。それをラーニングオーガニゼーションという。では学ぶとは何か。

近年、ＡＩのディープラーニングが注目されている。ＡＩがディープラーニングを続けていくと、２０４９年にはＡＩが人間を超えた進化に到達するシンギュラリティ（特異点）を迎えるともいわれている。

ＡＩがディープラーニングを続け、人間を超えるまでに自己改善を続け、ついに人間を超える臨界点がシンギュラリティということだ。

果たしてＡＩが本当にそこまでになるかは、あと30年ほど待つほかない。

## ＡＩにはできない人間の学習方法

ＡＩのディープラーニングとは、情報の海から最も適正であると判断されるものを選び、ストックし、組み合わせることである。

こうしたディープラーニングは、組織の学習と似ている。組織も、組織のメンバーが学んだことを共有し、ストックし、そこから次のステージへ向かう。経験による学習と、その正しさを確かめながら、正しい知識を蓄えるのだ。

一方、AIにはできない学習法も人間は行う。

AIは大量の情報処理ができる。しかし、AIはWHATとHOW TOはわかっても、WHYを知らない。WHYがわからないから、経緯と結果はわかっても、なぜそうなったのかはAIには扱えないのだ。

したがって、コトのよしあしも判断不可能である。AI信奉経営者は、いわば理念と方針のない「結果」だけを求める経営しかできないダメ経営者だ。

AI型のラーニングオーガニゼーションでは、ビジネスの根幹である信用と信頼は担保できない。

人間の集団である組織の学び方とは、まず価値観の定義、すなわち理念とそこから展開される方針が定められなければならない。それが本物の経営者やリーダーの学び方である。

## 考えられないことを考えよ

ラーニングオーガニゼーションとは、理念と方針というスクリーンを通過した知識とノウハウを蓄え、組織全体で共有するということである。

なぜ、それが必要な知識・ノウハウなのか、それは、理念の実現と方針の実行に必要だからだ。このプロセスがラーニングオーガニゼーションに求められる。

もうひとつＡＩにはできない学び方がある。

それはジャンプすることだ。一見無関係なところにジャンプして、そこからヒントを見いだすことは、発明や発見ではよくある。論理性というより、やってみなけりゃわからないという極めて人間らしい試行錯誤的やり方だ。

英語には〝Think out of the box.（箱から出て考えよ）〟とか〝Think the unthinkable.（考えられないことを考えよ）〟という言葉がある。学ぶ過程でも、思い切って箱から飛び出して学ぶ、考えられないようなことを考えるというくらいの挑戦（チャレンジ）が大事なのである。「結果を出すためには何をやってもいい。とにかくチャレンジしろ」という東芝的なチャレンジではない。正しい方向に正しいことをやるという大義に基づいたチャレンジである。

# 才人は経験に学び賢人は歴史に学ぶ

日本ホールマークの社長時代、アメリカ総本社の人事部長からこういう言葉を聞いた。「凡人は教科書に学ぶが、才人は経験に学ぶ」。そこで私は、さらに「賢人は歴史に学ぶ」と付け加えた。

経験から学ぶことは大きな財産になる。経験から学んで得たものが、組織の力となっていることは多い。

ところが経験が仇になることもある。

英語では〝Revenge of Success（成功の復讐）〟という。なまじ成功体験があるばかりに、成功したときのやり方に固執し、かえって好機を逃す、あるいはそのために自分で自分を窮地に追い込むことがあるからだ。

失敗の経験でも似たようなことは起きる。

失敗がトラウマとなって、チャンスであるにもかかわらず、同じような場面で失敗した記憶のほうに縛られ動けなくなる、臆病風に吹かれる。あるいは、いわゆる羹《あつもの》に懲《こ》りてなますを吹くことになる。

## 歴史に刻まれた原理原則を読み込め

経験は貴重だが、経験だけを頼りにすることは危険を伴う。

上司があのときはこうやって乗り切ったという話は、部下に対する励ましにはなるが、あのときといまどき時代も社会も違うし、当事者たちの顔触れも異なる。まったく同じようにいくはずがない。経営には「ザ・正解」はないのだ。経験は役に立つが、あくまで参考の材料にしか過ぎない。決して万能薬ではない。

経験だけでやってきた人には、体系的なものの考え方や原理原則に弱いところがある。教育研修の場で学ぶ、いわゆる教科書主体の座学は、実用性には乏しいものの、体系的な知識や原理原則を学ぶことができる。

本を読むことも同様だ。

人が一生で経験できることは限られている。だが、本や歴史の中には、何千年もの間で人々が経験したことが凝縮されて綴られている。そこには、人の社会や組織に共通する原理原則がある。長い時間と広い世界で積み重ねられた原理原則だ。

そうした原理原則は、ひとりの人間の経験を大きく超える普遍性を持っている。だからこそ優れた人は歴史に学ぶのである。過去の歴史は将来を映す鏡である。

## 成功体験を捨てられない成功者

過去の栄光は、その人にとって人生の糧である。

輝きが強ければ強いほど、その経験は当事者にとっての宝となる。宝が、ひとりの人の想い出の中にだけ存在するなら、それでよい。後ろ向きのほうが幸せな人はいる。だが、それが仕事の進め方となっていたのでは、過去の成功体験は前に進む邪魔になる。だから私はあえて言う。過去の成功体験は捨てよう。学ぶ（Learn）は必要だが不要腐《ふ》朽《きゅう》化した過去の体験は忘れ去ろう（Unlearn）しよう。目を未来に向けよう。

過去の成功体験は厳然たる事実である。したがって他人も、いまやそのやり方では結果が出ないと思っていてもなかなか否定しにくいものだ。だからこそ、自ら捨てるしかない。捨てるといっても、記憶から消去せよということではなく、原理原則に則った部分だけを優先的に残し、栄光に満足した記憶は劣後とするのである。

なぜ成功したのか、どこがよかったのか、いまでも通用する部分は何か、原理原則と照合し、冷静に過去の成功体験を分析できれば、過去の成功体験は大きな財産となる。

もし過去の成功体験が、自慢話の種でしかなくなっているようなら、一刻も早く過去の体験は遠くへ捨てるべきだ。「将来の成功を妨げる最大の敵は過去の成功である」

## 職場の活性度を最も高める「議論の場づくり」

30代で日本コカ・コーラに移ったとき、当時のアメリカ人の上司マイク・マクマレン氏から贈られた「祝辞」については第1章で紹介した。

アメリカ人にとって、会議・ミーティングに出るということは、人の話を聴くためだけではない。自分の意見を人に聴かせるためでもある。だから、会議やミーティングでは最低でも2回は発言しないといけないと考えているのだ。それが彼らの常識である。

意見を言わないと、みんなは君のことを意見の言えない、考えることのできない人だと思ってしまうというのが、アメリカ人なのだ。

もし、会議やミーティングで黙っていると、「みんなは、君が自分の意見を言わないと、他人の意見を盗むために会議やミーティングに出ているのだと思う。盗むだけの君は泥棒だ」と、日本人には思いもつかない考え方をする。

会議やミーティングで発言しないと、日本人は遠慮しているのだろうと捉えるが、アメリカ人はそうは思わない。考える能力も発言する勇気もない無能力者（役立たず）と考える。この考え方は、いかにもアメリカ人らしい。

「国際会議の場においてインド人を黙らせ、日本人をしゃべらせることができたら、その会議は半分以上成功したと言ってよい」というジョークもある。

## ムダ話OK、脱線OK

一方、徒然草には「物言わぬは腹ふくるる業なり」という言葉がある。会議では控えめな日本人も、アルコールの入ったインフォーマルな場面では雄弁になるところがあるから、実は大いに物を言いたいのだと思う。職場を物言う集団にすることは、組織を活性化する上で大きな推進力となる。

上司と部下が礼節を超えない範囲で、自由に意見を言い合うことのできる職場は、明るいし力強くもある。その反対の職場は、暗くて元気がない。こうした傾向については、いまさら論を俟《ま》たないであろう。

議論ある職場づくりで重要なのは、まず部下が自由に意見を言える環境をつくることだ。

私は、定期的に部下に話をさせる目的でミーティングを開催した。もちろん対象は日本人社員である。アメリカ人社員は、ほっておいてもしゃべる。インド人はしゃべりはじめたら止まらない。

このミーティングでは、半ば強制的にひとり2回以上発言させた。そのときのルールが「ムダ話OK」「脱線OK」「人の話に便乗もOK」「否定NG」「不満NG」「誹謗中傷NG」である。意見の衝突も大いにけっこう。

〝Good Crash〟はよい化学反応であり、よい化学反応は意見の衝突から生まれる。はなから〝全員賛成、全員一致〟の場からは何の付加価値も生まれない。

## 会議・ミーティングには4タイプある

会議やミーティングには、結論を出すことが目的で行うものがある。この種の会議では、最終的に上司が結論を出す。

次に情報共有を目的としたものである。結論は出さない。そして意見やアイデアを出し合うために開く会議、これも目的はあるが結論はなくてよい。

もうひとつ、コミュニケーションそのものを目的とした会議・ミーティングもある。

私が定期的に開催したミーティングも、このタイプである。いわば社員に「物言う訓練」をさせるためのミーティングだ。一見、ムダなミーティングのように思えるかもしれないが、これこそムダの効用というものである。確実に職場を物言う集団に変えるには、このやり方が効果的であることは私が保証する。走る前には歩けなくてはいけないというが、議論する前には、まず自由に物が言えなくてはいけないのである。

## テッセイ――上司と部下が追求すべき仕事の幸福

自分の仕事に、誇りとやりがいを持って取り組んでいるビジネスマンは、幸福な人生を送っているといってよいだろう。どんなに難しい仕事でも、そこに誇りとやりがいが感じられれば、仕事の苦労さえ励みに覚える。

私自身のビジネス人生で経験したことである。

仕事に対する誇りというと、多くの人はカン違いをしている。それはそもそも仕事に誇りを感じられる仕事と、そうでない仕事があると決めつけていることだ。

誇りある仕事とは、人から尊敬されたり、憧れられたりする仕事など、いわゆるかっこいい仕事であって、そうでない仕事は地味な仕事、下積み的な仕事や、誇りを感じられない、かっこ悪い仕事というカン違いである。

仕事に誇りを感じられる仕事と、そうでない仕事があるのではない。仕事に誇りを感じられる人と、そうでない人がいるだけだ。

では、どんな仕事でも誇りとやりがいを持って取り組めるか。

この長年の疑問に見事な解答を示してくれた会社がある。「奇跡の7分間」で有名な新幹線の清掃会社「テッセイ（JR東日本テクノハートTESSEI）」だ。同社の試みはハーバード大学ビジネススクールの教材にもなっている。

世界中から見学者が訪れるお掃除の会社である。

## CSはESから生まれる

テッセイは、新幹線が東京駅に到着してから7分間で客席の清掃、カバーのかけ替え、トイレ・洗面所清掃、備品交換を完璧に仕上げる。その仕事の品質の高さで世界的な注目を集めているのだが、そこまで掃除の品質を高める背景には、社員のES（社員満足）を高めるためのさまざまな努力があった。

CS（顧客満足）を上げる前に、ESを高めよは私の持論でもあるが、テッセイの「奇跡の7分間」の功労者である矢部輝夫氏も同じことを言っている。

清掃業の現場はちょっと下手をすると「3K（危険、きたない、きつい）」ととられがちな職場であり、矢部氏が赴任したときには、社員の中にはテッセイで働いていることを知人や親戚には教えなかった人もいたという。

現場の人のESが上がらなくては、仕事の品質が上がることはない。どうすれば現場のESを上げることができるか。ここで矢部氏は給与や待遇の改善よりも、掃除の仕事の社会的な価値に着目した。

1日の新幹線は大変な数の人が利用する。現場の人の仕事は、過密な運行をスムーズに進めるための役割のひとつであり、車内を快適に保つサービスの重要部分を担っている。

時間どおりの運行に快適さの付加価値を加えるのが、テッセイの現場の仕事である。テッセイの現場は新幹線を支えるスタッフであり、掃除する車内は現場スタッフが輝けるステージである。

だから職場は「新幹線劇場」なのだ。主役は現場のスタッフ、一人ひとりである。

こうした現場スタッフへの働きかけは、新たな動きを生んだ。CSの高さを新幹線利用客から評価されることで、ESがさらに高まり、ESが高まった結果、CSの品質がもう一段高まったのである。

現場の空気も変わった。いままで手間のかかる仕事はついつい敬遠しがちであったが、現場で面倒な仕事も手を抜かずやっている人を見つけると、その陰の善行をみんなが讃えるようになったという。

チーム全体で、チーム全員の美点凝視を心がけるようになったのだ。

## プロの仕事を誇れ

ひとりでも多くの部下が、仕事に誇りとやりがいを持って取り組むようになれば自ずとチームはよい結果を出すようになる。

上司が仕事に誇りとやりがいを持って取り組んでいれば、必ず部下も仕事に誇りとやりがいを感じる。業種や職種は関係ない。社会に貢献し、多くの人々に役立っていることに注目すれば、そこに仕事の価値が見いだせるはずだ。

テッセイの現場スタッフは、いわば「お掃除のプロ」である。

世界でも類を見ない速さで、車両清掃を仕上げるプロの技が、テッセイの品質を支えているとともに現場スタッフの誇りも支えている。

上司が部下を育て、部下の腕を磨くことも部下に仕事への誇りを持たせる有効な方法なのである。ESを高めるには、給与や待遇もさることながら、仕事に対する誇りという「仕事の報酬」も重要な要素である。この考え方は、先述したコカ・コーラサンフランシスコボトラー社の元CEOデール・アレグザンダー氏が言った「インセンティブはペイチェック（給与明細書）の中にある」と通底している。

## 令和の働き方は朗働である

私が日本の社長を務めていたときのＪ＆Ｊアメリカ総本社のＣＥＯジェームズ・バーク氏は常にこう言っていた。

「ＦＵＮ（楽しい）でなければよい仕事はできない」

つまり仕事を楽しむことができないようでは、よい仕事はできないということである。

仕事は楽しく、これは業種、職種、規模、地域にかかわらず働くことの大原則である。

仕事に誇りがなければ楽しめないし、仕事に愛着がなくても楽しめないはずだ。だが、人は必ずしも好きな仕事をできるわけではない。だが、好きな仕事を選ぶことはできなくても、就いた仕事を好きになることはできる。

仕事の結果が人から認められれば、いつの間にかその仕事に誇りとやりがいを感じ、好きになることができる。

誰かにほめられなくても、黙々と仕事を楽しむということは凡人には難しい。

やはり誰かにほめてもらってこそ励みになる。したがって仕事を楽しむには、職場が楽しいということも重要な条件となる。

## 牢動をするな朗働をせよ

働くことを労働というが、労働には3つある。牢動（Drudgery）、労働（Labor）、朗働（Vocation）だ。

牢動とは、「動」であり「働」ではない。ヒトではなく家畜である。

労働とは、報酬のために、命令されたからやっている労働であり、心のこもらない働き方である。働いている時間は苦痛であり、アフターシックスと休日だけが、自分にとって楽しみな時間という人は労働者といえる。

朗働とは、文字通り働くことを楽しむという働き方だ。政府の働き方改革は、働く時間ばかりを問題にするが、仕事を楽しむ働き方こそ本当の働き方改革である。

働くことを楽しむには、主体的に積極的に仕事に取り組むことが必要だ。

そのためには、仕事を好きになることである、職場が好きである、仕事を通じて成長欲求を実現できる、目標が明確である、目標が納得できるものである、裁量権があるといった条件の満たされることも必要となる。

言葉を換えれば、信頼され、任されてこそ、人は心から仕事を楽しむことができるということである。「これを知る者はこれを好む者に如かず。これを好む者はこれを楽しむ者に如かず。」中国の俚諺である。

## 苦労を楽しめてこそ朗働

「自分のアイデアで仕事をするなら、仕事の苦労も楽しむことができる」と言ったのは、ホンダの創業者本田宗一郎氏だ。

働くことを楽しむ、仕事を楽しむということは、そこに伴う困難や苦労も、また楽しむということである。朗働とは、困難や苦労も楽しむ働き方となる。単なる楽な仕事、報酬のよい仕事は朗働とはならない。

お客さまの期待に応えることも仕事の楽しみであるが、期待に応えるためには苦労が多い。まして、お客さまの期待を大きく上回る感動をもたらすには、並々ならぬ困難を乗り越えなければならない。

しかし、それが仕事の醍醐味である。

元伊藤忠商事の社長丹羽宇一郎氏は、若い社員が音を上げると「人は仕事で苦労して磨かれる。給料をもらって苦労するチャンスをもらっているのだから、ありがたいと思って苦労しなさい」と励ましていたそうだ。

## 昇進が遅れたときの気持ちのリセット方法

いかなる勝負も、最後に勝った者が勝者である。シェイクスピアは〝終りよければすべてよし〟と喝破している。

陸上競技のマラソンで、スタート直後の順位に注目する人はいない。9秒台で勝敗が決する100メートル走であっても、勝負はラスト10メートルだ。長い人生の中で、いっとき同僚に昇進で負けたとしても、それで人生の勝敗が決まることはない。

ましてビジネスというのは、ときに周回遅れがトップに立つことだってある、摩訶不思議な世界でもある。

とはいえ、気にするなと言われただけで、気持ちが治まるほど人の心は単純ではない。

私も過去に二度降格人事を受けたことがある。1回目はシェル石油時代、同期で最も早く課長になったが、上司と衝突して平社員に降格された。2回目は、J&Jの後に社長を務めたある外資系企業で、総本社の意向に公然と反旗を翻したときである。このときは解任だった。両方とも、比較的短時間のうちに現場へ返り咲くことができたものの、降格・解任された直後は、人並みに無力感、敗北感に苛まれたものである。

## 自己点検をするチャンス

しかし、くよくよしていても仕方がない。私はこのとき、私自身の点検を行った。こういうときでないと、なかなか自分自身を改めて点検するという機会はないものだ。

定期点検に対する非常時点検である。

点検にはルールがある。点検は、必ず自責の心で行わなければいけない。

降格・解任を他人のせいや運の悪さにしてはいけないということだ。運が悪ければ、運をよくするという方法もあるが、他人のせいや運の悪さのせいにするというのは、結局、自分は悪くないという不毛な慰めの言い換えにすぎない。

まず自分の行動は原理原則に則っていたか。どこかに見落としはなかったか。

振り返ってみれば、降格・解任ともに上司との意見の衝突に原因がある。上司との意見対立にあっては、先述したとおり反論は2回まで、2回異論を述べて受け入れられなければば、上司の意見に喜んでいさぎよく従い行動しなければならない。

私はこの原則に反して、とことん抵抗した。

一方で上司にとっても、部下の異論・反論を2回までは許す、部下の失敗は2回までは許すという原則がある。降格・解任を行った上司が、この原則を守ったかという点では、すっきりと原則通りの裁定とはいえなかったものの、改めて組織の原理原則を再確認した。

俗にも言うが、勝ちに不思議な勝ちはないが負けに不思議の負けはない。

## 功を焦るよりプロセスをチェック

昇進のために評価を上げようと、徒《いたずら》に成績をアピールすることに走るべきではない。よい成績とは、よいプロセスの結果である。プロセスが間違っていて、結果だけが継続的によいということはあり得ない。

ラッキーバウンドによって、結果だけが転がり込んでくるというのも、現実の社会では起こり得る。だからといって、ラッキーだけの結果が、そういつまでも続くものではないことは明らかだ。ビギナーズラックという言葉もある。

世の中には、ラッキーだけの「一発屋」がごまんといる。だが、こういう人は早晩過去の人になる。

自分自身の評価を上げようと思うのであれば、仕事の原理原則を再確認し、自分のやり方、プロセスをしっかり点検してみることだ。どうすれば勝てるかを探す前に、どう戦うべきなのかを確かめるほうが先決である。物には順番ということがある。

## 生き生きとした人生を送る上司の下に、生き生きとした部下が育つ

部下は常に上司を見ている。上司の中の最高上司である社長は、前後左右から一挙手一投足を見られているといっても過言ではない。部下にとって上司は、上司本人が意識する、しないにかかわらず関心の的なのである。

したがって、上司が毎日生き生きと楽しげに職場に来るか否かは、部下に強い影響を与える。いやいや出社する上司の下で部下が楽しいはずはない。

上司が明るく生き生きとしているかは、個人の問題だけではなく、チームの問題、さらには会社全体の業績さえ左右する問題でもある。

現在、大変な人手不足といわれている。人手不足が原因の倒産件数も過去最大のようだ。中でも物流や流通サービス業界は深刻である。

流通サービス業界では、すでに何十年も前から現場のオペレーションはパート・アルバイトに頼らざるを得ない状況が続いている。

## 店は店長次第、チームは上司次第

こうした業界では店長というポジションが大きな影響力を持つ。

店長がよいか、悪いかで店の業績はほぼ決まる。会社の業績は一つひとつの店の業績の総和であるから、店長が会社にとっての生命線でもあるのだ。

生き生きと楽しげに仕事をする店長の下にいるスタッフ（パート・アルバイト）は、店長の明るい態度に好意を覚えるから辞めない。店長が明るく生き生きしていれば、配下のスタッフも影響されて、明るく生き生きと仕事をするようになる。

店のスタッフが明るく生き生きと仕事をしていれば、店の雰囲気も明るく生き生きとしてくる。明るく生き生きとした店にはお客も集まる。

したがって、生き生きと楽しげに働く店長の店は、人も辞めないし成績もよいのだ。

反対に毎日暗くいやいやながら職場に現れ、会社のグチばかりをこぼしているような店長の店では、パートやアルバイトも居着かない。パート・アルバイトが頻繁に変わるから接客の品質は上がらず、店長はパート・アルバイトのフォローで休む間もない。そのため店の雰囲気はますます暗くなり、お客の足も遠のくという悪循環が起こる。

こうした話は、実際にチェーン店を経営している会社の社長からよく聞く。彼らはいずれも店は店長次第で、よくも悪くもなるということを痛いほど知っているのだ。

## 上司はいつも笑顔が基本

上司が部下に顔色を見られるようでは失格である。

たとえ内心不安や悩みがあったとしても、部下の前では笑顔で明るく振る舞うことが上司の基本動作である。不安そうな上司の顔を見れば、部下も不安になる。ＦＵＮが不安に変わるのだ。不安そうな上司を信頼し、その後ろを安心してついて行く部下はいない。

上司は本音では苦しくても、部下には生き生きとした姿を見せるべきだ。

上司の生き生きとした態度に影響されて、部下がイキイキと明るく仕事をしていると、今度は上司も、部下の態度に影響されて自分の気持ちも少し軽くなってくるものだ。

若い部下が定着しない職場を任されている上司は、部下が辞めることを悩むよりも、自分自身が明るく楽しそうに職場で仕事をしているかどうかを点検してみるべきだ。

上司は職場で最も明るく一番楽しそうに仕事をしている人でなくてはいけない。それが自分自身と部下のためでもあるのだ。

## 社長は後継者を育て、上司は部下を育てるのが持続的成長企業への道

会社とは持続的に繁栄し成長する存在である。持続的繁栄・成長をサスティナビリティという。サスティナビリティのある企業の条件には、高い業績を挙げていること、成長分野を持っていること、新しい成長分野を求めチャレンジを怠らないことなどいくつかある。

リーダーは、こうした持続的に繁栄する条件を満たすために結果を出し、会社に貢献し

なければならない。

したがってリーダーには、会社が発展するのに必要な利益を出す責任があるし、会社が次の世代も成長できるために、新しい分野で売り上げがある事業を切り拓く責任もある。

利益を上げなければ会社は潰れてしまうし、会社の理念や戦略に基づき、長期目標を実現するには業績を上げ続けることは必須条件である。

また、時代が変わり人々の意識や社会的なニーズが変わっても、市場から「退場！」とレッドカードを突きつけられないよう、常にアンテナを張って環境に応じて変わり続けることも、リーダーが率先して実行していくべきことだ。

利益責任、業績責任などの結果責任、成長分野を開拓するための組織改革責任が、会社のリーダーである社長からはじまり、部門のリーダーである部長・課長にはある。

## 上司は部下を育てて100点

上司は仕事で結果を出さなければならない。結果を出せない上司には三文の値打ちもない。だが、仕事で結果を出しているだけでは50点である。仕事で最高の結果を出しても、上司としては半分しか責任を果たしていないのだ。

私がジョンソン・エンド・ジョンソン（J&J）日本法人の社長になったとき、本社のCEOからこう言われた。

「アタラシさん、あなたがどれだけ高い実績を挙げたとしても、我々の評価は最大で50点だ。100点満点を目指すなら、あなたは在任期間中にあなたの後を継げる後継者を育て上げなくてはいけない」

会社が持続的に繁栄するには、現在の社長や社員の時代に繁栄を続けることのみならず、まだ見ぬ社長と社員の時代にも、さらにその先の時代にあっても、発展し成長を続けられなければならない。

会社というのは生き物である。生き物だから平均寿命30年で死んでしまうのである。未来にわたって成長発展するサスティナビリティの高い会社を創るには、未来にわたって、会社を成長発展に導く社長、社員を育てなければ、持続的繁栄は実現不可能だ。

平成の時代だけ繁栄すればよい、令和の時代だけよければ問題ない、という会社はあり得ない。それは、当面の自分さえよければ、他の人がどうなろうと構わない、後は野となれ山となれと言っているのと同じである。

だから、私が社長に就任した当時のJ&Jアメリカ本社のCEOは、後継者を育てなければ50点しか与えられないと宣告したのである。

部長は課長を育てるのが仕事であり、課長は課員を育てるのが仕事である。社長は後継者を育てるのが仕事だ。

ＧＥ（ゼネラル・エレクトリック社）の元ＣＥＯジャック・ウエルチ氏は、その在任期間中を通じて、ずっと後継者を育て続けた。クロトンビルにある「ウエルチの学校」は、幹部育成の施設として世界的にも有名である。

とはいえ後継者を育てるのは難しい。経営の神様といわれた松下幸之助氏も後継者を育てきれなかった。最近のＧＥの状況を見ると、ウエルチ氏の後継者づくりも成功したようには思えない。

幸之助氏の創業した松下電器は、いまパナソニックと社名を変え、なお家電業界の一角を占めているものの、その勢いには往年の輝きはない。

## 財を残すは下、事業を残すは中、人を残すは上

私は、社長在任中に後継者を探し続けた。

候補者は社内からだけでなく、社外からもこれはと思う人材を招いた。そして後継候補

者たちに、それぞれ困難なミッションを与え修羅場を経験させた。

ビジネスマンは仕事で鍛えられ、仕事で磨かれる。困難な仕事、すなわち修羅場ほど人を成長させる場はない。

後継候補者たちの奮闘ぶりを見ながら、結果とともに注目したのは、彼らが実績を上げた事業で、彼らが本社に戻ったとき、きちんと後を託せる人財を育てかどうかという点だった。

前述したことだが「人の一生で金を残すは下、事業を残すは中、人を残すは上」という後藤新平の言葉がある。困難なミッションを成し遂げ、事業を残しただけでは、次の社長となる人としては中、平均点どまりである。

人を残してこそ合格点といえる。「会社創りは人創り、人創りは自分創り」である。

## サラリーマンは要らない、ビジネスマンになれ

サラリーマンという言葉は、最近ではあまり聞かれなくなった。新橋駅前の街頭インタビューは、相変わらず「サラリーマンの声」を拾うというテーマでやっているようだが、

当人たちが自分はサラリーマンと思っているかどうかは疑問だ。

一方、ビジネスマン、あるいはビジネスパーソンという呼び方もある。

では、サラリーマンとビジネスマンでは何が違うのか。その答えは目的の違いである。サラリーマンとビジネスマンでは、会社に行く目的が違うのだ。サラリーマンは会社に仕事をしに行く人だが、ビジネスマンは会社に結果を出しに行く人である。

この定義でいくと、普段、自分はビジネスマンと思っていた人でも、一皮むくと実はサラリーマンだったという人が多いのではないだろうか。

現代の会社にとって、必要なのはビジネスマンである。サラリーマンではない。それでは、仕事をしに会社に行く人と、結果を出しに会社に行く人の違いとは何か。それはマインドの違いにある。

スキルが大切なことは論を俟たないが、肝心要なのはマインドなのだ。

## コミットメントと情熱

アメリカ人はコミットメントを次のように面白く説明する。

「ハムエッグにおいて鶏は参加しているだけだが、豚はコミットメントをしている」。鶏は卵を提供するだけでお役御免だが、豚は命を賭けている。だから豚はコミットメントしているということだ。

まあ、こんなもんでいいだろうでは、コミットメントとはいえないのである。結果を出しに会社に行く人は、まあ、こんなもんでいいだろうという仕事はしない。正しいプロセスは重要視しながら、とことん結果を追求する。

いわば、サラリーマンはハムエッグにおける鶏であり、ビジネスマンが豚ということになる。どちらも家畜ではあるが、豚はコミットしている。命を賭けている。

職場で時間を切り売りしているだけならば、どんなに丁寧な仕事をしても、それは質のよいサラリーマンでしかない。結果に対してコミットメントすることでサラリーマンはビジネスマンとなれる。鶏は豚になる。あなたは鶏か？　それとも豚か？　トンでもない！と逃げないでほしい。

## プロになれ、アマに甘んじるな

ひとつのスキルがプロのレベルに達するには、ざっと1万時間のトレーニングが必要という K・アンダース・エリクソンの「一万時間の法則」がある。

もし将来、自分が一本立ちして何らかの専門家としてやっていこうと思うなら、1万時間の勉強をしなければならない。

1万時間とは、仕事を終えた後に1日2時間ほど勉強するとした場合、約14年間かかるということになる……という計算は実は間違いだ。

いま40歳の人は、いままでの経験から得た財産（能力の蓄積）がある。登山にたとえると富士山の5合目まで来ているかもしれない。とすると残りは半分である。14年の半分は7年、したがって47歳には見事にプロになり得る。

では、一口にプロ、アマというが、そこにはどんな違いがあるのだろうか。

上司であれ、部下であれ、ビジネスの現場で働く以上は、いかなる業種や職種であれ、プロと呼ばれる人になりたい。

プロとは、自分の頭で考え、自分の足で歩き、自分の腕で稼げる人である。対するにアマとは会社から離れて名刺がなくなったら、人から相手にされない人である。

この差は大きい。とてつもなく大きい。私の見立てでは、60歳を過ぎてプロとして通用する人はどんなに甘く見ても5％しかいない。恐らく3％くらいのものだろう。

## 経験プラス実力と実績がプロへの近道

現場で積んだ経験と体系的なトレーニングを重ね、ビジネスマンはプロとなれる。これを意識して続けることが大切だ。何となく毎日仕事をしているというだけでは、どんなに長い時間をかけたところで、決してプロにはなれない。

目的意識が必要なのだ。

プロになるためにはUSP（UNIQUE SELLING POINT）が不可欠である。USPとは「私の得意技」、それも〝人後に落ちない。余人をもって代えがたい〟というレベルであることが条件だ。本物のUSPを創った人のアフター・リタイアメントの人生はバラ色になる。

まさに「バラ色の人生」（La vie en rose）があなたを待っている。

何となく毎日仕事をしているだけの「なりゆき人間」ではどんなに長い時間をかけてもプロにはなれない。USPのある「目標人間」だけがプロとなれるのだ。

# おわりに

「企業は夢ではじまり、情熱で成長し、原理原則と自責で維持され、官僚化で衰退する」という、私が泣くほど好きな言葉がある。

上司も、部下も、会社を愛しているという点では、何ら異なることはない。自分の会社がよい会社であってもらいたいという想いは、新入社員も、働き盛りの中堅社員も、明日定年退職するベテランも、個々人の温度差はあるにせよ基本的には変わらない（ハズである）。

よい会社という意味を、自分にとって都合のよい会社と捉える人は、それほど多くはない（と思いたいがときには存在する）。他利（全体最適）を顧みず私利（個人最適）にドップリと漬かっているガリガリ亡者である。

よい会社とは何なのか。端的に言うと「我が子が成長したら入社してほしい」と願うような会社である。胸を張って家族に誇れ、親せきに誇れ、友人に誇れる会社である。

誇りとは有名、無名、企業規模とは何の関係もない究極の価値観だ。

企業の価値を、株価や保有する資産の多寡《たか》のみで測れるものと考えるのは極めて危険な考えである。会社を愛する社員の想いや、会社に対する誇り、仕事をなし遂げた時の達成感、仕事や会社を通じて自分を高めることができるという成長感や自己実現感のような計数化不可能（あるいは困難）な要素に、会社の真の価値は表れる。

外部ステークホルダーの会社に対する「愛着価値」や「愛情価値」も、また評価されるべき企業価値である。

本書は令和に突入した今日、上司として、また部下として、ぜひこれだけは心得ておいてほしいと思う特に重要な原理原則を詳述した。それも、他人や故人が残した例や言葉の引用のみに溺れずに、私自身が経験した実例から学んだ生の話をふんだんに盛り込んだ。

会社というビッグサイズのチームは、部門というミディアムサイズのチームの集合体である。強いビッグチームであるためには、チームを構成する一人ひとりのメンバーが強くなくてはいけない。会社が会社を動かすのではない。一人ひとりの人が動かすのである。

企業の強さとは、個人の強さと組織力の総和である。企業の力を結集して、共有する目標に向かって進んだときにチームが生まれる。チームの力に経営力やリーダーシップというブースターが加わると、総和の足し算が業績という掛け算に昇華する。

組織というのは、自ずと役割とルールを生む。企業は組織と人で構成されている。組織を構成している上司と部下の関係は、役割分担関係であり、上下関係ではない。役割は組織のルールで定められる。

上司と部下は、同じ哲学理念と価値観を共有していても、組織が機能するためには役割とルールから逸脱することは許されない。それは時代が、昭和から平成に、平成から令和に移っても変わることのない「不易」である。

しかし、役割だけをキチンと守っていれば組織は維持され、発展するという考えにはサヨナラを告げる日が来ている。令和とは過去のこだわりやしがらみに訣別して、新しい時代を創る時代だと、私は考えている。

「サヨナラ」と言った後には、何を考え、何をやるべきなのかという「コンニチハ」が必須であり急務である。サヨナラだけだと、「サヨナラ、サヨナラ日が暮れる」で終わってしまう。

人生も、ビジネスも、大切なのは過去ではない。現在と未来だ。厳密に言うと、過去からの学びを糧として生かし、学びの上で素晴らしい未来を創ることである。

平成は昭和の延長でやってきた。あまり輝かしい三十年とは言えない。停滞と低迷の時間である令和の時代では、昭和と平成の歪みが否応なしに継続して更に悪化するだろう。

企業の経営に目を向けると、頼みとするのは、理念（ビジョン・ミッション）の基盤の下に方向性（目標・戦略）が確立され明示されていて、組織を動かす原動力としての上司と部下の結束とチームワークが強いという要である。新たな時代の上司と部下は、単なる役割分担という無機質な関係を昇華した有機的な息吹の通ったチームワーク創りを目指すべきだ。

だが、令和時代の教科書はまだない。いや、いつの時代も、教科書は後追いにしかすぎなかった。では、我々は何を教科書とすべきか。それは原理原則である。冒頭の「企業は夢ではじまり……」も、原理原則のひとつである。過去から学び未来を創るのだ。

原理原則は国籍、地域、企業規模、業種、業態、そしていかなる時代であるかにもかかわらず共通する、普遍的な経営のプラットフォーム（基盤）である。「不易流行」の中にある「不易（コンスタント）」である。ただし、その形は一様ではない。表面的な形に目を奪われることなく、本質に迫ることができる人の目の前にだけ原理原則は真の姿を現す。

私はこの本で徹頭徹尾、原理原則について具体的に言及した。学者や評論家の得意とする虚構や空論ではなく、現場の体験に基づいた実論である。

令和の時代はビジネスだけを見ても、明らかにこれまでとは異なる「大変の時代」である。たとえば平成元年頃に、近未来にＧＡＦＡ、アリババ、テンセントなどの超マンモス企業が市場を席巻するとだれが予想しただろうか。まさに経営環境は「大変」しているのだ。

しかし、大変な時代や仕事こそ、人を一流のビジネスパーソンにする。「艱難汝を玉にす」と言うではないか。

新時代の上司と部下が手を組んで、この「大変」というチャンスに向かう姿を想像するとき、日本の未来に「希望」という名の光が見えてくる。

令和元年九月

新 将命

〈著者略歴〉

**新将命（あたらし・まさみ）**

1936年東京生まれ。早稲田大学卒。株式会社国際ビジネスブレイン代表取締役社長。

シェル石油、日本コカ・コーラ、ジョンソン・エンド・ジョンソン、フィリップなど、グローバル・エクセレント・カンパニー6社で社長職を3社、副社長職を1社経験。2003年から2011年3月まで住友商事株式会社のアドバイザリー・ボード・メンバーを務める。「経営のプロフェッショナル」として50年以上にわたり、日本、ヨーロッパ、アメリカの企業の第一線に携わり、今もなお、様々な会社のアドバイザーや経営者のメンターを務めながら長年の経験と実績をベースに、講演や企業研修、執筆活動を通じて国内外で「リーダー人財育成」の使命に取り組んでいる。著書に『新将命の社長の教科書』（致知出版社）、『経営の教科書』『リーダーの教科書』『王道経営』（いずれもダイヤモンド社）、『最強のリーダー力』（日本文芸社）、『信じる力』（東洋経済新報社）などがある。

メールアドレス：atarashi-m@sepia.plala.or.jp

**上司と部下の教科書**

令和元年十月二十五日第一刷発行

著者　新 将命

発行者　藤尾 秀昭

発行所　致知出版社

〒150-0001 東京都渋谷区神宮前四の二十四の九

TEL（〇三）三七九六―二一一一

印刷・製本　中央精版印刷

落丁・乱丁はお取替え致します。（検印廃止）



ISBN978-4-8009-1217-6 C0034

ホームページ　https://www.chichi.co.jp

Eメール　books@chichi.co.jp